CONCEPTOS EN CONFLICTO SOBRE LA SANTIDAD

CONCEPTOS EN CONFLICTO SOBRE LA SANTIDAD

Westlake T. Purkiser

Casa Nazarena de Publicaciones

Publicado por
Casa Nazarena de Publicaciones
17001 Prairie Star Parkway
Lenexa, Kansas 66220 USA

ISBN 978-1-56344-522-4

Copyright (c) 1990 Westlake T. Purkiser
Reimpresión, 2009
Printed with permission of the W.T. Purkiser Estate, California USA
All rights Reserved

Todos los derechos reservados. Ninguna parte de esta publicación podrá ser reproducida, procesada por ningún sistema que la pueda reproducir, o transmitir en alguna forma o medio electrónico, mecánico, fotocopia, cinta magnetofónica u otro excepto para breves citas en reseñas, sin el permiso previo de los editores.

CONTENIDO

Prefacio

Agradecimientos

1. Santificación y Purificación 11
2. Proceso y Crisis en la Santificación 28
3. Perfección Cristiana y el Pecado 48
4. Santificación y las Señales 70
5. Santificación y Seguridad 93

Notas Bibliográficas 119

Prefacio

Ningún tema tan importante para la vida cristiana como es la santidad en las Escrituras debe permanecer sin ser examinado o continuar sin ser desafiado. Nuestro propósito en estas páginas es considerar algunos de los asuntos actuales relacionados a este aspecto de la fe "que ha sido una vez dada a los santos".

Como se usa aquí, un asunto es un punto de desafío, de debate o disputa. Nosotros no podemos predicar o enseñar doctrina alguna con éxito sin estar conscientes de los asuntos que se generan en las mentes de aquellos con quienes laboramos. La literatura de santidad está llena de fuertes defensas de esta verdad en contra de disputas en el pasado. Mientras que el error tiene cierta calidad perenne de verdad —pues se presenta en ciclos de generación en generación—, siempre es importante relacionar la doctrina central de uno a cualquier giro que puedan tomar los asuntos del día.

En este libro le damos atención especial a los asuntos que se nos presentan en el contexto del cristianismo evangélico moderno. O sea que, no proponemos discutir el punto de vista wesleyano de salvación completa contra el trasfondo de lo que es comúnmente conocido como liberalismo, o contra cualquier posición de la fe cristiana que desmerezca la creencia histórica de la inspiración plenaria de las Escrituras y su autoridad final. Debo asumir la verdad y el valor esenciales de la posición evangélica tradicional, que la Biblia es el recurso primordial de toda verdad doctrinal y responsabilidad práctica, y que el Libro significa exactamente lo que dice cuando es interpretado en contexto, como siempre debe hacerse.

La demanda de cooperación entre cristianos evangélicos en una era "post-cristiana" señala la necesidad de definir claramente los asuntos. La unidad cristiana no se logra al buscar el común denominador "más bajo" de la fe.

Esto significa una obligación de relacionar lo que es distintivo en la fe de "santidad" con los asuntos presentados por asociaciones mayores, que no podemos ni debemos tratar de evitar. Siempre debemos estar listos para dar razones sólidas por la faceta especial de la esperanza que albergamos.

Por supuesto, sería esperar mucho que el escritor fuera capaz de aislar y discutir todos los asuntos en tan limitado espacio. O aun, que él nombre los asuntos más importantes debe depender del grado en el que su experiencia y sus contactos en círculos evangélicos sean típicos. El espera escapar de la crítica, de que este tratado es limitado y no es representativo, sólo al señalar que su propósito es discutir *algunos* asuntos contemporáneos. Hay otros ahora; más tarde habrá otros. Estos no son más que representantes de aquellos que parecen estar más cerca del corazón de la doctrina wesleyana de la entera santificación.

Es importante mencionar otro punto. Aquí se presentará una objeción drástica a algunos puntos de vista religiosos populares. En ningún caso deben tomarse estas objeciones a un sistema teológico como un ataque a la experiencia cristiana o al carácter de aquellos que sostienen tal teología. El carácter de un hombre puede ser mucho mejor que su credo —y lo opuesto también es cierto. Algunos de los aspectos aquí considerados son sostenidos por hermanas y hermanos cristianos en quienes, por su integridad personal y efectividad de su servicio cristiano, el escritor tiene absoluta confianza. A menudo nosotros estamos más cerca en sentimiento y en experiencia de lo que estamos en la interpretación de la experiencia.

Esto no es decir que un credo es tan bueno como otro, y que realmente no hay ninguna diferencia en lo que uno crea en tanto que viva correctamente. El resultado de enseñanzas erradas es una vida mal dirigida.

Nos proponemos considerar cinco asuntos de mayor importancia relacionados con la santidad cristiana.

1. *¿Es la santidad imputada o impartida?* ¿Es la santidad de los santos un registro legal y calculado en la mente de Dios, o es un aspecto del carácter moral y personal? Tratamos este asunto bajo el tema "Santificación y Purificación".

2. *¿Es la santidad progresiva o instantánea?* ¿Es la acción contraria, y en constante aumento, de la naturaleza carnal, o la crucifixión momentánea del pecado innato? Este es el tema del segundo capítulo, "Proceso y Crisis en la Santificación".

3. *¿Cuál es la naturaleza del pecado en la vida humana?* ¿Es la desviación de una norma objetiva y perfecta justicia, o una transgresión voluntaria de una ley reconocida de Dios? El tema aquí es la "Perfección Cristiana y el Pecado".

4. *¿Cuál es la evidencia o señal de que el Espíritu Santo está presente en la persona?* ¿Hay una manifestación exterior, o un don del Espíritu que certifique la realidad del bautismo con el Espíritu? Este asunto es discutido bajo el tema "Santificación y las Señales".

5. *¿Cuáles son las bases para la seguridad cristiana?* ¿Es un acto de fe momentáneo e inicial que asegura para siempre la salvación final del alma, o es la entrada a "esta gracia en la que estamos, y gozamos en la esperanza de la gloria de Dios"? (Romanos 5:2). Aquí nuestro tema es "Santificación y Seguridad".

Agradecimiento

El autor agradece grandemente el permiso que le fue dado de usar materiales registrados de Ralph M. Riggs, citas textuales de *The Spirit Himself*, publicado por Gospel Publishing House de Sprinfield, MO.; citas textuales de J. H. Strombeck de *Shall Never Perish*, publicado por Strombeck Agency, Moline, Ill.; una cita textual de John R. Rice de su folleto, *Can a Saved Person Ever Be Lost?*; una cita textual de la revista *King's Business*, un artículo por Douglas C. Hartley sobre "The Security of the Believer"; una cita de Loiseaux Brothers, Inc. del libro, *The Epistles of John* escrito por August Van Ryn; y las citas de la administration of the Dallas Seminary Press, de *Systematic Theology* por Lewis Sperry Chafer, vols. III y VI.

Capítulo 1

SANTIFICACIÓN Y PURIFICACIÓN

El corazón de la doctrina wesleyana de la santidad cristiana es la creencia de que Dios puede, gracias al don del Espíritu Santo, hacer que el creyente enteramente consagrado sea en esta vida "santo en toda conversación". Creemos que esto es posible porque el creyente es completamente limpiado del pecado heredado.

Ninguna enseñanza que niegue dicha limpieza podrá llamarse propiamente de santidad, en el sentido en que nosotros usamos este término. El punto esencial de la doctrina de la entera santificación es este hecho de la pureza de corazón como una purificación efectiva del alma.

Santidad por Posición

Uno de los mayores desafíos que confronta esta fe procede de aquellos que afirman que tal purificación no es posible, y que la santidad del Nuevo Testamento es una santidad de posición, en la que el creyente que está en Cristo es considerado santo, cuando realmente es impuro.

Si comprendo correctamente lo que ellos significan, este es el punto sostenido por el doctor C. I. Scofield y por quienes colaboraron con él en la preparación de la versión inglesa de la Biblia que lleva su nombre. En general, esta es la posición de los institutos bíblicos que han resultado de la obra monumental de Dwight L. Moody, y de otras instituciones no menos prominentes. Su fama contemporánea brota de la influencia de los Hermanos de Plymouth en Inglaterra del siglo XIX, y de la Conferencia Keswick de este siglo. No quiero ser injusto con las distintas fases de pensamiento expuestas por estos diferentes grupos al clasificarlos en un mismo grupo. No obstante, parecen estar de acuerdo en el punto de la santidad por posición —o lo que a veces se llama la teoría de ser "santos en Cristo".

Un resumen clásico de esto es la declaración de las Notas de la versión Scofield, sobre Apocalipsis 22:11. Aquí se nos dice que la santificación, cuando se aplica a la persona, tiene un significado triple. Primero, *en posición*, se dice que los creyentes están eternamente apartados para Dios por la redención, y que por su "posición en Cristo" son santos desde el momento en que creyeron. Las citas para apoyar esta posición son Filipenses 1:1 y Hebreos 3:1. Segundo, en lo que toca a la *experiencia* del creyente, se declara que éste está siendo santificado por el Espíritu Santo por medio de las Escrituras. Tercero, *en consumación*, se dice que la completa santificación del creyente espera el advenimiento del Señor.

Es el primer significado arriba citado lo que nos interesa aquí. Se dice que hay una santidad por posición pero no por experiencia. Se nos dice que todas las almas redimidas son "santas" y aunque todavía estén siendo "santificadas" por la obra del Espíritu Santo a través de las Escrituras, y, que jamás llegarán a ser completamente santificadas hasta que Cristo venga otra vez. Las últimas dos declaraciones —que la santificación es progresiva en naturaleza y completa solamente al morir, o en el rapto— serán tratadas en el siguiente capítulo. Por ahora, la doctrina de la santidad por posición es el punto de discusión.

Si santificación por "posición" en la declaración anterior pudiera ser comprendida como "potencial", yo tendría muy poco que discutir. Pero, el hecho es que sus autores no la comprenden así. En esta declaración hay mucho que está subyacente que no sale a la superficie. La base de toda esta línea de pensamiento está echada en, por lo menos, cinco tesis relacionadas entre sí.

1. Se dice, que el cristiano tiene dos naturalezas a través de toda su vida cristiana terrenal —la simiente de Dios, y la mente de la carne o naturaleza carnal. Se dice que estas dos naturalezas coexisten de tal manera que la conducta del creyente está dominada, ora por una, ora por otra sin que afecten en forma alguna su posición delante de Dios.

2. Ya que el creyente está en Cristo y Cristo es santo, el creyente es santo en Cristo, pero no necesariamente santo en carácter o conducta. Es decir, al creyente no sólo le es imputada la justicia de Cristo —su perfecta obediencia a la ley de Dios— en la justificación

para cubrir sus pecados confesados, sino que se supone que también le es igualmente imputada la santidad de Cristo —su conformidad de naturaleza al carácter de Dios. Se alega que Dios ve al creyente a través de Cristo, y que lo ve santo así como Cristo es santo, aunque el creyente en ese mismo momento esté lleno de carnalidad y pecado.

3. La naturaleza de pecado del creyente jamás podrá ser destruida en esta vida, lo cual le deja bajo el dominio parcial, y a veces completo, de la mente carnal. Sin embargo, se supone que los pecados que resultan de esta naturaleza carnal, en el caso del creyente, no están sujetos a condenación ante el tribunal de Dios. Estos son considerados, así se afirma, ante el trono de Cristo en la dispensación de las recompensas.

4. La justificación o perdón otorgado al creyente cuando primeramente acepta a Cristo es una justificación permanente que incluye todos los pecados futuros que pueda cometer, así como sus pecados pasados. La fe es la sola base para la justificación. El arrepentimiento, si acaso es mencionado, es un pesar pasajero del pecador cristiano cuando se da cuenta que ha perdido el compañerismo con Dios o ha violado su comunión con El.

5. De lo anterior se deduce que la posición del creyente en Cristo es eterna e inmutable, por fluctuante que sea su estado moral. Esta creencia, que ahora se conoce como la doctrina de la seguridad eterna, básicamente alega que cualquier individuo que sea salvo una vez nunca puede perderse finalmente, cualquiera que sea su fe o falta de ella, su corrupción o vida justa.

En este capítulo trataremos los puntos uno y dos. Los puntos tres y cuatro serán considerados en el capítulo 3. El punto final será asunto del capítulo 5.

La Doctrina de las "Dos Naturalezas"

Volvamos, pues, a estas doctrinas gemelas de *las dos naturalezas* y de la *santidad imputada* —la teoría de que aun cuando poseamos la naturaleza carnal, somos "santos en Cristo".

Trataremos brevemente con la doctrina de las dos naturalezas, puesto que la teoría de la santidad por posición está más íntimamente relacionada con nuestro tema general. Como se explica generalmente, se cree que la simiente de Dios implantada en el corazón del creyente en su conversión es esencialmente otra naturaleza, incapaz de pecar, y con tendencia hacia lo justo. Coexistente con esta nueva naturaleza está el hombre viejo —el yo carnal— del cual se dice que es indestructible, una parte esencial de nuestra humanidad. Los textos que dan para probar esto, por lo general son, Juan 3:6: *Lo que es nacido de la carne, carne es; y lo que es nacido del Espíritu, espíritu es*, y Gálatas 5:17: *Porque el deseo de la carne es contra el Espíritu, y el del Espíritu contra la carne; y éstos se oponen entre sí, para que no hagáis lo que quisiereis.*

Si esta fuera sólo una manera burda de describir las luchas que el cristiano no santificado tiene con las tendencias del corazón carnal, uno tendría poco que objetar. Pero es mucho más que eso. Esto es presentado como la norma, el nivel para la vida cristiana —más de lo cual uno podría esperar. Y se contiende que estas dos naturalezas son tan independientes la una de la otra que las acciones de la una no afectan a la otra. Así que el creyente podría actuar bajo la influencia de la mente del Espíritu sin que ello mejore la mente de la carne. A la inversa —y aquí tocamos el resultado— el creyente puede pecar bajo la influencia de la naturaleza carnal sin que la naturaleza espiritual esencialmente sea afectada por ello.

Se deben hacer dos observaciones. Primero, es una insensatez psicológica representar la naturaleza humana como algo tan dividido que una parte de ella pueda actuar sin alterar o afectar al resto. Aparte de personalidades divididas anormalmente, el *psique* es una unidad dinámica que reacciona ante diversos estímulos como un ser total, y se modifica continuamente por cada reacción. Este concepto de las dos naturalezas es, en efecto, una especie de esquizofrenia espiritual.

En segundo lugar, esta teoría es una negación virtual de la doctrina escritural del nuevo nacimiento. La Biblia no presenta, en parte alguna el nuevo nacimiento como la inyección de una naturaleza divina en una naturaleza humana que no ha sido modificada en ninguna otra manera. Es el ser humano quien es nacido de arriba, no una entidad espiritual abstracta añadida al alma. Segunda Corintios 5:17 provee un antídoto saludable para este error: *De modo que si alguno está en Cristo, nueva criatura es; las cosas viejas pasaron; he aquí todas son hechas nuevas.*

La Naturaleza de la Santidad Escritural

¿Qué diremos ahora respecto al punto de vista de que la santidad del creyente es "en Cristo" y no inherente en sí mismo? Lewis Sperry Chafer, por ejemplo, en el volumen VI de su *Teología Sistemática*, dice: "*Por posición*, el 'hombre viejo' ha sido quitado para siempre. *Experimentalmente*, el 'hombre viejo' continúa como una fuerza activa en la vida, que sólo puede ser controlada por el poder de Dios."[1] Si esto es cierto, la doctrina *wesleyana* de la entera santificación no solamente es falsa, sino peligrosa. Es, pues, de suma importancia que comprendamos y clarifiquemos este asunto.

Primeramente, le impresiona a uno la casi completa falta de documentación escritural directa en apoyo de este punto de vista. Parece ser motivado por el deseo de comerse la golosina y guardarla al mismo tiempo, es decir, cumplir con el requisito establecido en la Biblia de la santidad, "sin la cual nadie verá al Señor", y tener licencia para que el pecado continúe morando en el corazón. La santidad es algo que debemos poseer, pero si Cristo es nuestra santidad así como es nuestra justificación, entonces el creyente puede ser santo desde el punto de vista de su posición, y carnal en su experiencia.

¿Acaso el hecho de que el creyente esté "en Cristo" justifica la conclusión de que el creyente es por lo tanto santo por posición, por muy pecaminoso que él sea en realidad, tanto en naturaleza como en obras? No podemos aceptar tal cosa. La frase "en Cristo" es la gran designación que Pablo da al verdadero cristiano.

Estar en Cristo es estar relacionado con El en forma tal que uno participa en la salvación que El ha hecho posible. Esto jamás puede entenderse como que significa que Dios se engañe a Sí mismo, al considerar santo un corazón carnal porque lo ve a través de la santidad de su Hijo.

La consideración básica aquí es que la santidad es una cualidad del carácter y no puede ser transferida. Cristo es santo en Sí mismo, y si el cristiano lo es en verdad, lo es en virtud de haber llegado a ser verdaderamente un partícipe de la naturaleza divina.[2] Esto es, por supuesto, la obra de Cristo en el corazón. Pero ésta es un hecho, y no simplemente cuestión de lógica. Que Abraham creyó a Dios y que le fue contado por justicia no significa que la fe sea un sustituto de la justicia. Quiere decir que la fe es la condición por la cual el corazón es hecho justo por un acto divino.

La Biblia no carece de declaraciones específicas de la santidad real de un corazón enteramente santificado. Presenta tal estado como el ideal y la obligación de todo creyente. Por ejemplo, 1 Pedro 1:15-16: *Sino, como aquel que os llamó es santo, sed también vosotros santos en toda vuestra manera de vivir; porque escrito está: Sed santos, porque yo soy santo.* La santidad que aquí se ordena no es de diferente clase, una santidad *por posición*. Cualitativamente es idéntica a la santidad de Dios. *Como aquel es santo, sed también vosotros santos.* Notemos las palabras "como" y "también".

Aquí, 1 Juan 3:3, 7 agrega su testimonio: *Y todo aquel que tiene esta esperanza en él, se purifica a sí mismo, así como él es puro... Hijitos, nadie os engañe; el que hace justicia es justo, como él es justo.* La pureza que aquí se demanda no es diferente a la de Cristo; y la justicia del creyente, en vez de ser imputada, corresponde exactamente a la justicia de Cristo.

Consideremos 1 Juan 4:17: *En esto se ha perfeccionado el amor en nosotros, para que tengamos confianza en el día del juicio; pues como él es, así somos nosotros en este mundo.* Una vez más, nótense las palabras "como" y "así".

Veamos Lucas 1:73-75: *Del juramento que hizo a Abraham nuestro padre, que nos había de conceder que, librados de nuestros enemigos, sin temor le serviríamos en santidad y en justicia delante de él, todos nuestros días.* Aquí la santidad y la justicia son presentadas como una cualidad de carácter en que podamos servir a Dios durante esta vida.

La Santidad como Limpieza Real

Vayamos directamente al Nuevo Testamento para obtener una síntesis de sus enseñanzas con respecto a la limpieza real —la completa purificación o purgación del corazón de toda depravación heredada. Consideremos brevemente diez pasajes, tomándolos sencillamente en el orden en que aparecen:

Mateo 3:11, 12: *Yo a la verdad os bautizo en agua para arrepentimiento; pero el que viene tras mí, cuyo calzado yo no soy digno de llevar, es más poderoso que yo; él os bautizará en Espíritu Santo y en fuego. Su aventador está en su mano, y limpiará su era; y recogerá su trigo en el granero, y quemará la paja en fuego que nunca se apagará.*

Aquí observamos que el bautismo con el Espíritu como fuego sigue al bautismo con agua para arrepentimiento. Estos no pueden ser simultáneos sin hacer una mezcla imposible de figuras. Pero la consideración importante es que el propósito del bautismo de Cristo es la purgación total de su "era", trayendo el trigo de la naturaleza humana santificada al granero, y destruyendo la paja de la naturaleza carnal con el inextinguible fuego del Espíritu Santo. Esta interpretación del trigo y de la paja no es la única posible, pero es la más natural en el contexto total. El bautismo con el Espíritu y la purgación de la era son simultáneos —van juntos.

Mateo 5:8: *Bienaventurados los de limpio corazón, porque ellos verán a Dios.* ¿Es concebible que nuestro Señor hubiera pronunciado tal bendición sobre una clase de personas que no existían, y que jamás podrían existir en este mundo en esta dispensación? Se admite que el resto de las bienaventuranzas tienen que ver con cualidades del carácter o condiciones de vida que se encuentran en la iglesia por todas las edades —los pobres en espíritu, los mansos, los pacificadores, los que tienen hambre y sed de justicia, los que padecen persecución. Entonces, ¿por qué poner en distinta clasificación a los de limpio corazón, como refiriéndose a una clase sin miembros? Es más apegado a las Escrituras reconocer que hay quienes tienen corazones limpios, y que gozan la bienaventuranza de ver a Dios.

Hechos 15:8-9: *Y Dios, que conoce los corazones, les dio testimonio, dándoles el Espíritu Santo lo mismo que a nosotros; y ninguna diferencia hizo entre nosotros y ellos, purificando por la fe sus corazones.*

Con estas palabras, el apóstol Pedro identifica directamente el bautismo con el Espíritu Santo con la purificación del corazón del creyente por la fe. Después de 15 años, el aspecto del Pentecostés que permaneció en la mente de Pedro como el de mayor significado no fue el ruido de un estruendo como de un viento recio, ni las lenguas repartidas como de fuego, ni aun el don de otras lenguas. Fue la purificación del corazón en respuesta a una fe adecuada al recibir la plenitud del Espíritu, al cual el mundo no puede recibir (Juan 14:17).

Romanos 6:6-7: *Sabiendo esto, que nuestro viejo hombre fue crucificado juntamente con él, para que el cuerpo del pecado sea destruido, a fin de que no sirvamos más al pecado. Porque el que ha muerto, ha sido justificado del pecado.*

Muchas personas fuera del movimiento de santidad resienten el término "erradicar" en referencia al pecado en el corazón. No estamos preparados a contender por un término que es extra bíblico, por útil que pueda sernos. Estamos dispuestos a usar términos escriturales. Si nuestros amigos no pueden admitir la erradicación, ¿por qué no sustituir "crucifixión" o "destrucción" como el método de Dios para tratar con el hombre viejo? La crucifixión se usó ampliamente en los tiempos bíblicos como método para la pena capital. Siempre resultó en muerte. Esto nunca podría interpretarse como la supresión o la acción contraria de aquello que aún vive como una fuerza activa en el corazón.

Igualmente, destruir seguramente significa si no completa aniquilación, cuando menos remover el cuerpo del pecado. Todo el tenor del capítulo 6 de

Romanos es que lo que Cristo logró para nosotros en la cruz puede y debe ser obrado en nosotros por el Espíritu de Dios.

Romanos 8:2: *Porque la ley del Espíritu de vida en Cristo Jesús me ha librado de la ley del pecado y de la muerte.* Esto es un sorprendente contraste al capítulo 7 de Romanos, el pasaje clásico para aquellos que niegan la efectiva liberación de carnalidad en esta vida. Pablo había dicho en ese capítulo: *Mas yo soy carnal, vendido al pecado... queriendo yo hacer el bien... el mal está en mí... ya no lo hago yo, sino el pecado que mora en mí... ¡Miserable de mí! ¿quién me librará de este cuerpo de muerte?* (Romanos 7:14, 21, 20, 24).

Esto, se aduce, es la norma de la experiencia religiosa de Pablo. Esto representa el mayor alcance posible en la gracia. Esto muestra que el pecado es inherente en el humano finito y no puede evitarse.

¿Representa Romanos 7 el punto culminante de gracia en la experiencia de Pablo? ¿Es ésta su descripción de la experiencia cristiana normal incluyendo la de un bebé en Cristo? La respuesta es un enfático "¡No!" Hemos escuchado más bien algunas confesiones tristes de fracasos de hijos de Dios, pero jamás hemos oído a un genuino creyente nacido de nuevo levantarse y testificar, diciendo: "¡Miserable de mí!"

Aquí Pablo está contrastando vívidamente su vida antigua como un pecador que ha tenido un despertamiento, luchando con su propia fuerza para cumplir con la ley de Dios, con la libertad que encontró en la gracia regeneradora y santificadora del Señor Jesucristo. En su vida antigua, él encontró en su corazón una ley que contradecía el ideal de su conciencia ya despierta. El era, como él mismo lo dijo, esclavo de la ley de pecado que moraba en sus miembros, el cuerpo de muerte que le hacía miserable.

Luego, usando la misma terminología, Pablo describe la liberación efectuada en él por el Espíritu de Cristo. *La ley del Espíritu de vida en Cristo Jesús me ha librado de la ley del pecado y de la muerte.* Aquí, tan claramente como el lenguaje lo puede expresar, está la declaración del apóstol Pablo de libertad de la naturaleza de pecado y del cuerpo de muerte con las cuales había luchado por tanto tiempo en vano. Con bastante razón exclama él: *Gracias doy a Dios, por Jesucristo Señor nuestro* (Romanos 7:25).

2 Corintios 7:1: *Así que, amados, puesto que tenemos tales promesas, limpiémonos de toda contaminación de carne y de espíritu, perfeccionando la santidad en el temor de Dios.*

Aquí encontramos una purificación completa para aquellos que, por razón de su filiación con Dios, tienen *tan grandes y tan preciosas promesas.* Para que Pablo no sea acusado de abogar por la santificación a través del esfuerzo humano, se debe decir que nos purificamos en la misma forma que Pedro dijo que deberíamos salvarnos de esta perversa generación (Hechos 2:40). En cada caso, lo que se pide de nosotros se alcanza cuando nos colocamos en la relación correcta con la virtud salvadora y purificadora de la sangre de Cristo. El punto es que, la completa purificación "de toda inmundicia de la carne y del espíritu" es no sólo necesaria, sino posible, como la base para perfeccionar la santidad en el temor de Dios.

Efesios 4:20-24: *Mas vosotros no habéis aprendido así a Cristo, si en verdad le habéis oído, y habéis sido por él enseñados, conforme a la verdad que está en Jesús. En cuanto a la pasada manera de vivir, despojaos del viejo hombre, que está viciado conforme a los deseos engañosos, y renovaos en el espíritu de vuestra mente, y vestíos del nuevo hombre, creado según Dios en la justicia y santidad de la verdad.*

De la verdadera santidad se afirma aquí que tiene dos aspectos, uno negativo y uno positivo. Hablando a aquellos que han sido discípulos o estudiantes en la escuela de Cristo, Pablo les manda que se despojen del viejo hombre, siendo renovados interiormente, y que se revistan del nuevo hombre en justicia y santidad verdadera. El viejo hombre debe salir antes que el nuevo hombre pueda entrar. La purificación negativa debe anteceder a la llenura positiva. No hay nada aquí acerca de tolerancia, acción contraria, o supresión. La Palabra es clara: "Despojaos del viejo hombre."[3]

Efesios 5:25-27: *Maridos, amad a vuestras mujeres, así como Cristo amó a la iglesia, y se entregó a sí mismo por ella, para santificarla, habiéndola purificado en el lavamiento del agua por la palabra, a fin de presentársela a sí mismo, una iglesia gloriosa, que no tuviese mancha ni arruga ni cosa semejante, sino que fuese santa y sin mancha.*

Este es el propósito redentor de Cristo para su iglesia. En relación con el mundo, el amor divino dio al Hijo para que no perezcan aquellos que crean. En relación con la iglesia, el amor divino dio al Hijo para santificarla y purificarla, para que sea presentada santa y sin mancha. Aquí encontramos que la santificación es equiparada a la purificación. La iglesia no puede ser presentada sin mancha ni arruga a menos que primero sea santificada y purificada.

Tito 2:14: *Quien se dio a sí mismo por nosotros para redimirnos de toda iniquidad y purificar para sí un pueblo propio, celoso de buenas obras.* La expiación aquí es mencionada como algo que Jesucristo hizo con el propósito de "purificar para sí" un pueblo propio. Esta es una pureza real y experimental, que da como resultado un celo para las buenas obras. Como en el caso de muchos otros pasajes bíblicos, éste afirma que la experiencia interna produce resultados externos, y los resultados externos certifican la realidad de la experiencia interna.

1 Juan 1:7-8: *Pero si andamos en luz, como él está en luz, tenemos comunión unos con otros, y la sangre de Jesucristo su Hijo nos limpia de todo pecado. Si decimos que no tenemos pecado, nos engañamos a nosotros mismos, y la verdad no está en nosotros.*

Después de Romanos 7, probablemente 1 Juan 1:8 es el versículo más frecuentemente citado en el esfuerzo de contradecir el principio wesleyano de la libertad de que el pecado more. Lewis Sperry Chafer, por ejemplo, propone refutar lo que él llama "el error de la erradicación" con la siguiente apelación:

> El Nuevo Testamento amonesta específicamente contra el error de erradicación. En 1 Juan 1:8 dice: "Si decimos que no tenemos pecado, nos engañamos a nosotros mismos, y la verdad no está en nosotros." Aquí se hace referencia a una naturaleza pecaminosa, mientras que en el versículo 10 se hace referencia al pecado como fruto de la naturaleza maligna.

> Decir, como una asunción, que uno no tiene una naturaleza pecaminosa quizá se deba a un autoengaño; sin embargo, a tal persona se le dice que "la verdad no está en él."[4]

Sólo tomándolo completamente fuera de contexto podría el versículo 8 apoyar una conclusión tal. En el versículo 7, Juan indica la necesidad de andar en la luz como Dios está en luz para que la sangre nos limpie de todo pecado. En el versículo 7, Juan indica la necesidad de andar en la luz como Dios está en luz para que la sangre nos limpie de todo pecado. Porque si alguno alega no tener pecado del cual él necesite ser limpiado, la verdad no está en él —se engaña a sí mismo. De veras, serían muchos los errores que podríamos evitar si aplicáramos a cada versículo de las Escrituras la amonestación impresa en algunos boletos que dice: "No es válido si está separado." Aquí, como dondequiera, "un texto sin contexto es sólo un pretexto".

Este es, entonces, el testimonio de las Escrituras. Se coloca firmemente junto a la purificación del corazón del creyente, en contra de la santidad imputada que deja la naturaleza intacta. Si Dios no purifica el corazón de sus hijos sería por necesidad lógica por una de dos razones: o no *puede* hacerlo, o si puede, no *quiere* hacerlo. ¡Qué dilema tan extraño resultaría! Si Dios quiere santificar a su pueblo y no puede, no es omnipotente —el diablo logró inyectar en la naturaleza humana aquello que Dios no puede remover. Por el contrario, si Dios puede purificar el corazón y no lo hace, entonces no es santo ni totalmente opuesto a todo pecado como pensamos que El es.

¿Por qué luchar contra tales perplejidades? ¿Por qué no ponernos del lado de la Biblia y de una multitud de testigos y proclamar la verdad de que Dios *puede* y *santificará* enteramente a cada hijo suyo, completamente consagrado, y que "por la fe" recibiremos "la promesa del Espíritu"? (Gálatas 3:14).

Capítulo 2

PROCESO Y CRISIS EN LA SANTIFICACIÓN

El segundo tema contemporáneo en la enseñanza de santidad que consideraremos tiene que ver con el aspecto temporal de la santificación. ¿Resulta esta experiencia del crecimiento y disciplina propia, o es un acto de la gracia de Dios completado en un instante?

El concepto de la santificación por posición considerado en el capítulo 1 generalmente es reforzado con dos declaraciones muy relacionadas: (1) que la santificación experimental es progresiva y gradual; y (2) que es (por experiencia) solamente completado en el momento de la muerte o posteriormente en la reunión de los santos en gloria.

Estos dos puntos fueron evidentes en las citas de Scofield, dadas en el capítulo 1, y se tratan más ampliamente en la siguiente cita de Lewis Sperry Chafer en su *Teología Sistemática*. Después de describir lo que llama "santificación por posición", Chafer continúa:

Segundo, santidad experimental. Este segundo aspecto de la obra santificadora de Dios para el creyente es *progresivo* en algunos aspectos, así que está en gran contraste con la santificación *por posición* que es "una vez para siempre". Se logra por el poder de Dios a través del Espíritu y por la Palabra. "Santifícalos en tu verdad; tu palabra es verdad" (Juan 17:17; véase también 2 Corintios 3:18; Efesios 5:25-26; 1 Tesalonicenses 5:23; 2 Pedro 3:18). La santificación experimental es avanzada de acuerdo a diversas relaciones: (1) En relación al rendimiento del creyente a Dios. Por virtud de que presenta su cuerpo como sacrificio vivo, el hijo de Dios es apartado para Dios, y así es experimentalmente santificado. La presentación puede ser absoluta y por ende, no admite progreso, o puede ser parcial y por lo tanto requerir un crecimiento futuro. En ambos casos, es una obra de santificación experimental. (2) En relación al pecado. El hijo de Dios pudiera cumplir a tal grado toda condición para una verdadera espiritualidad que esté experimentando toda la liberación provista y victoria del poder del pecado, o, por el otro lado, pudiera experimentar solamente una liberación parcial del poder del pecado. En cualquiera de los dos casos, la persona es apartada y por lo mismo es experimentalmente santificada. (3) En relación al crecimiento cristiano. Este aspecto de la santificación experimental es siempre progresivo. Por lo tanto no debe confundirse en ninguna manera con un rendimiento incompleto a Dios, o con una victoria incompleta sobre el pecado. Lo que significa es que el conocimiento de la verdad, la devoción y la experiencia cristiana están naturalmente sujetos a crecimiento. De acuerdo a su estado presente de desarrollo como cristianos, los creyentes son experimentalmente apartados para Dios. Y así, otra vez, el cristiano está sujeto a una santificación experimental que es progresiva... Por tanto, la Biblia no enseña que ninguna criatura de Dios sea completamente santificada experimentalmente en la vida diaria antes de la consumación final de todas las cosas.[1]

Hay mucho en esta cita acerca del crecimiento en la gracia con lo cual no argüimos. Nuestra pregunta tiene que ver con llamarle a esto "santificación", y con la afirmación de que la santificación experimental, no puede, por lo tanto, ser completada. Otros escritores en forma similar añaden la idea de que la naturaleza pecaminosa puede ser controlada progresivamente, mortificada diariamente por medio de la cuidadosa atención a los medios de gracia, y que de esa manera el creyente está siendo santificado progresivamente al ganar mayores victorias cada día, y más y más control que ejerce sobre los impulsos del pecado en su corazón.

Esto pone "las cartas sobre la mesa". La entera santificación, como la entiende el movimiento de santidad, no admite grados; es tan perfecta y tan completa en su género como la obra de regeneración y justificación es perfecta y completa en su género. Esto no quiere decir que no haya crecimiento en la gracia, tanto antes como después de la santificación. Lo que quiere decir es que la santificación, como un acto de Dios, es instantánea y no se produce por crecimiento, ni por autodisciplina, ni por el control progresivo de la naturaleza carnal.

La Santificación por Crecimiento

Antes de preguntar: "¿Qué dice el Señor?" consideremos brevemente la teoría del crecimiento.

Primero, es muy difícil ver en ésta algo más que santificación por obras y por esfuerzo humano. Se dice que se ha echado mano de la ayuda del Espíritu Santo a la vez que se niega la posibilidad de su obra dispensacional. Es posible dar elogio de palabra al ministerio del Espíritu Santo, y al mismo tiempo contradecir su señorío santificador.

Segundo, se espera que la muerte logre lo que la gracia y la cruz de Cristo no pudieron hacer. Detrás de todas estas especulaciones se encuentra el fantasma de la antigua herejía gnóstica que considera el cuerpo en cierta forma como el asiento y la fuente del pecado. De otra manera, no hay razón lógica para esta insistente duda de que el alma redimida pueda ser libre del pecado aquí y ahora.

Más crucial todavía es el hecho de que la Biblia nunca y en ninguna parte insinúa que el crecimiento o la muerte tengan el mínimo efecto en cuanto a la santificación del alma. En vez de ello, la Palabra de Dios, la sangre de Cristo, el Espíritu Santo y la fe, son los factores que intervienen en la santificación. Se crece *en* la gracia, nunca *hacia* la gracia. El crecimiento se refiere a aumento en *cantidad*, jamás a cambio en *calidad*. Además, creer que la muerte física efectúa algún cambio en la calidad moral del alma es ir en oposición directa a las inconfundibles declaraciones de la Palabra (Hebreos 9:27; Apocalipsis 22:11).

La Santificación como Crisis

Al tornarnos al testimonio de la Biblia encontramos tres clases de evidencia de que la entera santificación es, en efecto, instantánea y no gradual, una crisis y no un proceso sin fin. Primero, hay la analogía para la justificación y el nuevo nacimiento. Segundo, hay el testimonio de los términos que se usan para describir esa obra —términos que por su uso se refieren a hechos terminados en un momento dado de tiempo. Y, tercero, la lógica del ejemplo que se halla en la Biblia. Examinemos éstos brevemente.

1. *La analogía con el nuevo nacimiento*

Hay varios aspectos similares entre las dos obras de gracia divina: Justificación o el nuevo nacimiento, y la santificación o santidad.

a. Ambas obras son productos del amor divino. En Juan 3:16 leemos: *Porque de tal manera amó Dios al mundo, que ha dado a su Hijo unigénito, para que todo aquel que en él cree, no se pierda, mas tenga vida eterna*; y en Efesios 5:25-27, *Maridos, amad a vuestras mujeres, así como Cristo amó a la iglesia, y se entregó a sí mismo por ella, para santificarla, habiéndola purificado en el lavamiento del agua por la palabra, a fin de presentársela gloriosa a sí mismo, una iglesia gloriosa, que no tuviese mancha ni arruga ni cosa semejante, sino que fuese santa y sin mancha.*

b. Ambas son expresiones de la buena voluntad de Dios, aceptable y perfecta. 1 Timoteo 2:3-4 dice: *Porque esto es bueno y agradable delante de Dios nuestro Salvador, el cual quiere que todos los hombres sean salvos, y vengan al conocimiento de la verdad, y*

Hebreos 10:10: *En esa voluntad* (es decir, la voluntad de Dios lograda por Cristo en su muerte expiatoria), *somos santificados mediante la ofrenda del cuerpo de Jesucristo hecha una sola vez para siempre.*

c. Ambas se logran por medio de la maravillosa luz de la Palabra de Dios. 1 Pedro 1:23 lo expresa así: *Siendo renacidos, no de simiente corruptible, sino de incorruptible, por la palabra de Dios, que vive y permanece para siempre,* y en Juan 17:17 la oración de Cristo es: *Santifícalos en tu verdad; tu palabra es verdad.*

d. Ambas se efectúan en el corazón por la agencia eficaz del Espíritu Santo de Dios. Tito 3:5 dice: *Nos salvó, no por obras de justicia que nosotros hubiéramos hecho, sino por su misericordia, por el lavamiento de la regeneración y por la renovación en el Espíritu Santo,* y 2 Tesalonicenses 2:13 dice: *Pero nosotros debemos dar siempre gracias a Dios respecto a vosotros, hermanos amados por el Señor, de que Dios os haya escogido desde el principio para salvación, mediante la santificación por el Espíritu y la fe en la verdad.*

e. Ambas obras fueron compradas al costo de la sangre de Cristo derramada en la cruz del Calvario. En Romanos 5:9 Pablo dice: *Pues mucho más, estando ya justificados en su sangre, por él seremos salvos de la ira,* y Hebreos 13:12 dice: *Por lo cual también Jesús, para santificar al pueblo mediante su propia sangre, padeció fuera de la puerta.*

f. Ambas son obradas en el corazón de cada creyente en respuesta a la fe. En Romanos 5:1 leemos: *Justificados, pues, por la fe, tenemos paz para con Dios por medio de nuestro Señor Jesucristo,* y Hechos 26:18:

Para que abras sus ojos, para que se conviertan de las tinieblas a la luz, y de la potestad de Satanás a Dios; para que reciban, por la fe que es en mí, perdón de pecados y herencia entre los santificados.

Tácitamente todos los cristianos evangélicos reconocen que el nuevo nacimiento o justificación no es gradual sino instantáneo. Es un acto de Dios que se efectúa en un punto determinado en la vida del creyente. Pero si ambas justificación y santificación son productos del mismo amor divino, de la misma voluntad de Dios, de la misma Palabra sagrada, del mismo Espíritu bendito, de la misma sangre redentora, y de la misma condición humana —o sea, la fe— ¿hay razón válida alguna para creer que una es instantánea en tanto que la otra es gradual? Si la justificación es instantánea, seguramente no hay razón para que la santificación, obrada por la misma agencia, no sea igualmente el acto de un momento.

Lo que es más, cada argumento que prueba lo instántaneo de la regeneración tiene igual validez cuando se aplica a la santificación. Si la evidencia de lo instantáneo de la santificación se rechaza, no hay base lógica para probar lo instantáneo de la justificación.

2. *El testimonio de los términos*

Sin excepción, la acción denotada por los términos usados para describir la santificación implica algo que acontece en un momento particular de tiempo.

a. El verbo "santificar" se define en su significado dual como "apartar" y "hacer santo". Podrá haber, es muy cierto, una separación gradual, un hacer santo también gradual, pero la acción descrita implica más naturalmente la idea de lo instantáneo e inmediato.

Como el verbo "santificar" en el sentido estrictamente novotestamentario se expresa siempre como un acto divino, la responsabilidad de probar lo contrario debe descansar naturalmente en los que alegan que la santificación es gradual.

b. Luego, se habla de esta experiencia como un bautismo: *Porque Juan ciertamente bautizó con agua, mas vosotros seréis bautizados con el Espíritu Santo dentro de no muchos días* (Hechos 1:5).[2] Bautismo es un término que siempre implica acción en un punto determinado —jamás es aquello que se extiende por un largo período de tiempo, y que tal vez no se completa sino hasta la muerte. El bautismo gradual es un absurdo —ya sea bautismo con agua, o bautismo con el Espíritu Santo.

c. De la santificación también se habla como crucifixión o muerte. Romanos 6:6 dice: *Sabiendo esto, que nuestro viejo hombre fue crucificado juntamente con él, para que el cuerpo del pecado sea destruido, a fin de que no sirvamos más al pecado*; Gálatas 2:20: *Con Cristo estoy juntamente crucificado, y ya no vivo yo, mas vive Cristo en mí; y lo que ahora vivo en la carne, lo vivo en la fe del Hijo de Dios, el cual me amó, y se entregó a sí mismo por mí*; y Colosenses 3:5: *Haced morir* (tratad como muerto), *pues, lo terrenal en vosotros*.

Se concede que uno puede estar moribundo por mucho tiempo, pero la muerte siempre ocurre en un instante. La vida podrá menguar por un largo tiempo, pero se separa del cuerpo en un instante. La muerte paulatina es una figura del idioma para describir una enfermedad mortal. La muerte en sí misma siempre es instantánea.

d. La santificación, además, implica limpieza o purificación. Los versículos citados en el capítulo 1 abundan en el uso de las formas verbales de estas palabras. La limpieza y la purificación pueden ser un proceso continuo, pero el significado natural de estos vocablos indica que siempre hay un momento inicial cuando se efectúan primero el limpiamiento y la purificación. Hacerla gradual es leer en ella algo que las palabras mismas no implican.

e. Esta experiencia también se describe como un "don" para "ser recibido". "El don del Espíritu Santo" se menciona con frecuencia por todo el Nuevo Testamento, a menudo como "la promesa del Padre". En Lucas 11:13 Jesús dice: *Pues si vosotros, siendo malos, sabéis dar buenas dádivas a vuestros hijos, ¿cuánto más vuestro Padre celestial dará el Espíritu Santo a los que se lo pidan?* En Gálatas 3:14 leemos: *A fin de que por la fe recibiésemos la promesa del Espíritu.* ¿No es obvio que un regalo es algo que pasa a la posesión de quien lo recibe en un momento dado? El dar un regalo gradualmente es confundir los términos.

Podríamos continuar indefinidamente. La santificación se describe en una variedad de formas como despojarse del viejo hombre y revestirse del nuevo (Efesios 4:20-24); es destruir el cuerpo del pecado (Romanos 6:6); es ser llenos del Espíritu Santo (Efesios 5:18); es ser sellados con el Espíritu Santo de la promesa (Efesios 1:13).

Para resumir: "Apartar", "santificar", "bautizar", "crucificar", "entregar a la muerte", "dar", "recibir" "echar fuera", "ser revestidos", "destruir", "ser llenos", "ser sellados", todos éstos son verbos que describen acciones que se efectúan naturalmente en un lugar y tiempo determinados, y que no admiten grados. Todos testifican del hecho que la santificación es una experiencia de crisis, y no un prolongado proceso de crecimiento que nunca es completado.

3. La lógica del ejemplo

La experiencia de Isaías narrada en Isaías 6 puede ser considerada como un tipo de la entera santificación del creyente. Isaías había sido profeta de Dios durante una parte del reinado del rey Uzías, según nos dice él en el capítulo 1. Pero fue en el año que murió el rey cuando el profeta de Dios experimentó su admirable purificación.

Mientras adoraba en el templo, Isaías vio al Señor alto y sublime, y oyó a los serafines que cantaban *Santo, santo, santo, Jehová de los ejércitos.* Aquella alabanza de la santidad de Dios no encontró eco en el corazón del profeta, y él, que previamente había clamado "ayes" contra el pueblo, ahora clamó por sí mismo, *¡Ay de mí! que soy muerto; porque siendo hombre inmundo de labios, y habitando en medio de pueblo que tienen labios inmundos, han visto mis ojos al Rey.*

Pero la respuesta divina no tardó en venir. Un ángel voló hacia él con unas tenazas de oro, y con un carbón encendido del altar tocó sus labios, y dijo: *He aquí que esto tocó tus labios, y es quitada tu culpa, y limpio tu pecado.* Esto sucedió en menos tiempo del requerido para describirlo. No fue por medio de crecimiento o desarrollo espiritual que la iniquidad de

Isaías fue quitada y limpiado su pecado. Fue por un acto divino en un momento dado.

En el Nuevo Testamento, todos los ejemplos del bautismo con el Espíritu Santo y de la entera santificación se encuentran en el Libro de los Hechos.[3] Son cuatro:

a. El primero tiene que ver con los discípulos de Jesús, cuyos nombres estaban escritos en los cielos (Lucas 10:20); quienes no eran del mundo (Juan 14:16-17; 17:14); quienes pertenecían a Cristo (Juan 17:6, 11); de los cuales ninguno se había perdido (Juan 17:12); y quienes guardaban las palabras de Dios (Juan 17:6). Mientras que estas personas justificadas *estaban todos unánimes juntos... de repente vino del cielo un estruendo como de un viento recio... Y fueron todos llenos del Espíritu Santo* (Hechos 2:1-4,). No hubo un crecimiento gradual en esto. Vino repentina e inesperadamente como un relámpago.

b. El segundo ejemplo en el Libro de los Hechos es acerca de la naciente iglesia de Samaria. Felipe se atrevió a ir a Samaria después del martirio de Esteban. Su predicación produjo una respuesta inmediata. El pueblo creyó y fue bautizado en grandes números. Hechos 8:8 nos dice que "había gran gozo en aquella ciudad".

Al oír de este avivamiento y del éxito del ministerio de la Palabra, los apóstoles de Jerusalén enviaron a Pedro y a Juan a Samaria. Al llegar, oraron por estos recién convertidos *para que recibiesen el Espíritu Santo; (porque aún no había descendido sobre ninguno de ellos, sino que solamente habían sido bautizados en el nombre de Jesús). Entonces les imponían las manos, y recibían el Espíritu Santo* (Hechos 8:15-17).

A veces se rechaza el ejemplo de los discípulos de Jesús por no ser un caso típico porque ellos vivieron bajo dos dispensaciones. Así, se alega que el Pentecostés fue en efecto el acto que completó su regeneración, y que cada creyente ahora recibe el bautismo con el Espíritu Santo en el primer momento en que recibe a Cristo como su Salvador. Este argumento se refuta con el ejemplo de la iglesia de Samaria. Los samaritanos creyeron y fueron bautizados en la nueva dispensación del Espíritu, y más tarde fueron llenos con el Espíritu Santo en un momento dado de tiempo.

c. El tercer ejemplo es el de Cornelio, el devoto centurión romano, y los miembros de su casa. El escritor inspirado por Dios describe a Cornelio en términos claros. Era un hombre devoto (Hechos 10:2), temía a Dios con toda su casa (Hechos 10:2), oraba constantemente y sus oraciones eran aceptables delante de Dios (Hechos 10:2, 4). Al llegar Pedro a la casa de Cornelio, con un espíritu de discernimiento, dijo: *En verdad comprendo que Dios no hace acepción de personas, sino que en toda nación se agrada del que le teme y hace justicia. Dios envió mensaje a los hijos de Israel, anunciando el evangelio de la paz por medio de Jesucristo; éste es Señor de todos. Vosotros sabéis lo que se divulgó por toda Judea; comenzando desde Galilea, después del bautismo que predicó Juan* (Hechos 10:34-37).

Mientras que Pedro hablaba, el Espíritu Santo se derramó repentinamente sobre los que escuchaban. Esto no fue gradual, sino instantáneo. Pedro mismo considera claramente los eventos sucedidos en la casa de Cornelio como idénticos a los eventos del Pentecostés. Esto se ve claramente en el informe al concilio de Jerusalén: *Y Dios, que conoce los corazones, les dio testimonio, dándoles el Espíritu Santo lo mismo que a nosotros; y ninguna diferencia hizo entre nosotros y ellos, purificando por la fe sus corazones* (Hechos 15:8-9).[4]

d. El cuarto ejemplo se describe en Hechos 18:24 al 19:7 y tiene que ver con los discípulos de Efeso. Puesto que ha habido tanta interpretación errónea de este episodio, es necesario que examinemos más a fondo sus antecedentes.

Al final de su extenso ministerio en Corinto, el apóstol Pablo cruzó el mar Egeo y llegó al Asia Menor y a la ciudad de Efeso, acompañado de Aquila y Priscila, sus colaboradores. Pablo predicó por un tiempo muy corto en la sinagoga de Efeso, y dejando a Aquila y a Priscila en ese lugar prosiguió hacia Antioquía.

Durante la ausencia de Pablo, un hombre llamado Apolos vino a Efeso. Se le describe como varón elocuente, poderoso en las Escrituras, instruido en el camino del Señor, y se le presenta predicando y enseñando diligentemente lo concerniente al Señor, pero en cuanto al bautismo, conocía solamente el bautismo de Juan. Reconociendo la magnitud potencial del ministerio de Apolos, Aquila y Priscila le enseñaron más exactamente el camino del Señor (Hechos 18:24-28).

Poco tiempo después de que Apolos dejó a sus nuevos amigos para ir a Corinto, Pablo regresó a Efeso donde encontró un núcleo de 12 discípulos. Cualquiera que haya sido su origen, sea que eran convertidos de

Aquila y Priscila, o de Apolos, Pablo se dio cuenta al conocerlos mejor de que no habían recibido el Espíritu Santo, al menos en la medida del Pentecostés. Pero después de que Pablo les bautizó en el nombre de Cristo, oró, les impuso las manos, y fueron llenos con el Espíritu Santo.

La comprensión errónea que rodea este incidente tiene que ver con el estado espiritual de los discípulos efesios. Por el hecho de que negaron conocer al Espíritu Santo, y por haber recibido solamente el bautismo de Juan, algunos han debatido que esos 12 no eran personas regeneradas.

Pero hay sólidas evidencias que esos hombres eran hijos genuinos de Dios, y que esta era una segunda experiencia instantánea para ellos. Examinemos las consideraciones importantes.

(1) Se les describe como discípulos (Hechos 19:1). Comparemos este pasaje con Hechos 11:26: *A los discípulos se les llamó cristianos por primera vez en Antioquía.* Las designaciones "cristiano" y "discípulo" fueron usadas indistintamente en el Libro de los Hechos. No se encuentra ningún ejemplo en Hechos donde se use el término "discípulo" para personas que no fuesen verdaderos creyentes en Cristo.

(2) Pablo no dudó de la fe de ellos. *¿Habéis recibido el Espíritu Santo después que creísteis?* les preguntó (Hechos 19:2). Sea que el original se traduzca de acuerdo con la versión antigua, o según la versión moderna, *¿recibisteis el Espíritu Santo cuando creísteis?*, no hay ni la más mínima diferencia en el punto que se trata. En los dos casos se admite que ellos

habían creído y es evidente que ellos no habían recibido el Espíritu Santo en el sentido en que Pablo menciona.

(3) El hecho de que ellos ignoraran el recibimiento del Espíritu Santo no significa que no hubieran sido convertidos. Dwight L. Moody afirmó que por muchos años después de su conversión no supo que el Espíritu Santo era una Persona, y añadió que muchos creyentes son tan ignorantes de la Persona y del ministerio del Espíritu Santo como aquellos creyentes de Efeso.[5]

(4) El hecho de que estos hombres habían recibido sólo el bautismo de Juan no prueba que fueran inconversos en el completo sentido cristiano de la palabra. El bautismo de Juan es descrito como "el bautismo de arrepentimiento para remisión de pecados" (Marcos 1:4). Apolos, instruido en los caminos del Señor, ferviente en el Espíritu, predicando y enseñando diligentemente lo concerniente al Señor, solamente conocía el bautismo de Juan.

(5) Se ve que Pablo estaba satisfecho con la fe de estos discípulos puesto que los volvió a bautizar en el nombre del Señor Jesucristo antes de ser llenos con el Espíritu Santo. Si ellos estaban apenas siendo regenerados en ese momento en el sentido cristiano, entonces Pablo fue culpable de bautizar a un grupo de inconversos. Que esto se ha hecho muchas veces desde entonces no lo discutiremos, pero no podemos admitir que Pablo iniciara esa práctica en Efeso.

(6) Tenemos nada menos que la autoridad del Señor Jesucristo para aseverar que el "recibir" el Espíritu Santo se refiere a algo más que ser nacido del Espíritu y ser guiado por el Espíritu. En Juan 14:15-17 leemos: *Si me amáis, guardad mis mandamientos. Y yo rogaré*

al Padre, y os dará otro Consolador, para que esté con vosotros para siempre: el Espíritu de verdad, al cual el mundo no puede recibir, porque no le ve, ni le conoce; pero vosotros le conocéis, porque mora con vosotros, y estará en vosotros.

Jesús indica aquí claramente que el mundo y los que son del mundo no pueden recibir el Espíritu Santo. Uno debe *conocerle* antes de *recibirle*. Uno debe tener el Espíritu *con* uno antes de que uno pueda tener el Espíritu *en* uno. Aunque la frase "recibir el Espíritu Santo" se usa solamente cuatro veces en el Nuevo Testamento (Juan 14:17; Hechos 8:15-17; 19:2; y Gálatas 3:14), en cada caso está muy claro que sólo el creyente está en posición de *recibir* el Espíritu Santo. No debemos hacer mucho énfasis en la analogía, pero seguramente no es por accidente que los escritores inspirados del Nuevo Testamento escogieran las figuras del *nacimiento del Espíritu* para representar la regeneración y el *bautismo con el Espíritu* para describir "la segunda bendición". Obviamente, en el orden natural, el nacimiento *tiene que* anteceder al bautismo —el niño debe nacer antes de ser bautizado.

Aquí, pues, está la lógica del ejemplo. Cada situación fue caracterizada por ser inmediata. Cada una se efectuó en un punto dado en la experiencia de la persona participante. En ninguna parte se encuentra ni un vestigio alguno de santificación por crecimiento, o de algún largo procedimiento de disciplina personal, nunca completada sino hasta el rapto. La santificación es por fe, "no por obras, para que nadie se gloríe" (Romanos 11:6; Efesios 2:9).

El Testimonio de los Tiempos Verbales

Hay otra impresionante línea de evidencia que corrobora la santificación instantánea y que es de particular interés para quien tiene algún conocimiento de la gramática griega. Un resumen sumamente persuasivo de este argumento se encuentra en el artículo del doctor Daniel Steele, en *Milestone Papers*, titulado "La lectura de los tiempos del Nuevo Testamento Griego".[6]

El punto principal de este argumento descansa en el hecho de que los tiempos de los verbos griegos tienen, de alguna manera, un significado distinto que los verbos en castellano. Los tiempos de nuestros verbos tienen que ver principalmente con el *tiempo* de acción —pasado, presente y futuro. Los tiempos griegos delimitan tiempo, pero más particularmente expresan la *clase* de acción. La acción puede verse como un proceso continuo, conocido como una acción *lineal*; o puede ser vista en su totalidad en lo que se conoce como momentánea, o acción *puntiliar** o puntiaguda. La acción continua o un estado incompleto se denota por el tiempo presente y por el imperfecto en griego. Por otro lado, una acción puntiliar que es momentánea o definida, se expresa por el uso constante del tiempo aoristo. William Hersey Davis dice: El *tiempo aoristo mismo siempre significa acción puntiaguda.*[7]

---

*Careciendo de un término que exprese con exactitud el significado de *punctiliar*, estamos usando "puntiliar" o "puntiagudo", significando un punto fino y determinado en tiempo y espacio (N. del R.)

El aoristo se refiere a hechos o acciones "considerados simplemente como eventos o hechos individuales sin ninguna referencia al tiempo que ocupan".[8] Con la excepción del aoristo indicativo, que indica acción pasada, las formas del aoristo no son definidas en cuanto a tiempo. Todas representan acción puntiliar en contraposición a la acción lineal. Describen eventos completos, considerándolos como unidad. El aoristo, dice Alford, implica un hecho definido.[9]

La pertinencia de todo esto, en relación a nuestro tema se expresa en la siguiente cita del doctor Steele en *Milestone Papers*, mencionados anteriormente. Hablando de lo que él encontró en su estudio del uso de los tiempos verbales en pasajes claves del Nuevo Testamento, dice:

1. Toda exhortación a la oración y al empeño espiritual de resistir la tentación se expresa generalmente en tiempo presente, el cual poderosamente indica persistencia.

2. El siguiente hecho que nos impresiona en nuestra investigación es *la ausencia del aoristo y la presencia del tiempo presente dondequiera que se declaran las condiciones para la salvación final*. Nuestra inferencia es que las condiciones para la salvación final son continuas, extendiéndose a través de la prueba, y que no se completa en un solo acto. El más grande requisito es la fe en Jesucristo. Un cuidadoso estudio del griego convencerá al estudiante de que es un gran error enseñar que un solo acto de fe proveerá a la persona una póliza de seguro pagada e inconfiscable, que garantice al poseedor que heredará la vida eterna, o que un solo acto de fe asegure un boleto sin escalas al cielo, según lo enseñan los

Hermanos de Plymouth y varios populares evangelistas laicos. Los tiempos griegos muestran que la fe es un estado, un hábito de la mente, en la cual entra el creyente al ser justificado...

3. Pero cuando llegamos a considerar *la obra de la purificación* en el alma del creyente, por el poder del Espíritu Santo, tanto en el nuevo nacimiento como en la entera santificación, encontramos que el *aoristo se usa casi uniformemente*. Este tiempo, según los mejores gramáticos novotestamentarios, jamás indica un acto continuo, habitual, o repetido, sino instantáneo, y hecho de una sola vez.[10]

En vano hemos procurado encontrar uno de estos verbos (que denotan santificación y perfección) en el tiempo imperfecto cuando se habla de individuos. El verbo *hagiazo*, santificar, siempre es aoristo o perfecto... Lo mismo se pudiera decir de los verbos *katharizo* y *hagnizo*, purificar. Nuestra inferencia es, que la energía del Espíritu Santo en la obra de la santificación, por prolongada que haya sido la preparación, se efectúa de golpe por un acto instantáneo. Esto se confirma con el testimonio universal de todos aquellos que han experimentado esta gracia.[11]

Fue el doctor E. F. Walker quien indicó hace algunos años que, en último análisis, todas las teorías de la santificación deben reconocer que se lleva a cabo en un instante. Si la santificación se obtiene al morir físicamente o en la resurrección, debe ocurrir en un instante. Aun si fuera por crecimiento, debe haber un momento cuando se obtiene el crecimiento completo. La discusión se centraliza en dilucidar cuándo se completa.

En este punto afirmamos que el testimonio de la Palabra de Dios es final. La hora de completa salvación no está en el futuro. El día de liberación de todo vestigio del pecado carnal no está lejano. Cada imperativo divino, cada mandamiento de Dios es para el momento presente, jamás para el futuro. *He aquí ahora el tiempo aceptable; he aquí ahora el día de salvación* (2 Corintios 6:2).

Capítulo 3

PERFECCIÓN CRISTIANA Y EL PECADO

Uno de los asuntos más importantes que están surgiendo en círculos evangélicos modernos es la definición de pecado. Es más que un argumento teórico sobre el uso correcto de los términos. Va directamente al corazón de la experiencia y de la vida cristianas. Se relaciona con cada rama de la doctrina de la salvación. Nuestro concepto del plan total de redención resulta radicalmente afectado por ello. En su libro titulado *The Right Conception of Sin* (El concepto correcto del pecado), el doctor Richard S. Taylor ha demostrado, sin lugar a dudas, que el concepto del pecado es fundamental en el pensamiento cristiano.[1]

No es nuestro propósito aquí considerar todo el problema. Sugerimos, primero, una prueba crucial que se puede aplicar a la definición del pecado —o a cualquier definición— y por ende, arribar a una declaración exacta de lo que significa el término. Entonces, indicaremos el efecto de la definición aceptada sobre la doctrina de la entera santificación.

El Significado de "Pecado"

¿Cuál es el significado correcto, en el Nuevo Testamento, del verbo "pecar"? ¿Quiere decir, como se afirma a menudo, desviarse en cualquier manera de una norma objetiva y absoluta de justicia perfecta? O, ¿consiste la esencia del pecado en una mala intención o un motivo impuro? Sin prejuiciar el caso necesariamente, por conveniencia podemos llamar al primer punto de vista, el concepto *legal* del pecado, y al otro, el concepto *ético* del pecado. Los dos nos llevan a direcciones radicalmente diferentes.

Es muy bien conocido que en la Biblia hay dos usos principales del término pecado y de los vocablos relacionados. Estos usos se indican más o menos por la parte de la oración usada. *El pecado* se usa como sustantivo, y cuando aparece en singular, por lo regular describe una naturaleza, un estado de carácter, un aspecto del ser. Tal es el uso que encontramos, por ejemplo, en el capítulo seis de Romanos: *Porque el pecado no se enseñoreará de vosotros; pues no estáis bajo la ley, sino bajo la gracia* (v. 14); y, *mas ahora que habéis sido libertados del pecado y hechos siervos de Dios, tenéis por vuestro fruto la santificación, y como fin, la vida eterna* (v. 22).

Además, el término *pecado* se usa como verbo, para indicar una especie de acción, un modo de proceder. Puesto que las formas sustantivas se derivan del verbo, y puesto que la naturaleza de los hechos pecaminosos es lo que nos interesa aquí, por ahora concretaremos nuestra atención al verbo "pecar", y trataremos de descubrir la clase de conducta a la que se refiere.

El verbo griego más frecuentemente usado para una acción pecaminosa en el Nuevo Testamento es *hamartano*, tradicionalmente definido como "errarle al blanco". En lo que toca al significado de la raíz del término griego, recibimos muy poca luz sobre su uso escritural. No hay indicación referente a qué blanco se erró, o cómo, o por qué le erró. Un flechero puede fallar porque dispara al blanco equivocado, o por descuido al apuntar, por ser muy débil para jalar suficientemente la cuerda del arco, o simplemente porque tiene mala puntería.

Por tanto, vemos que el estudio de la derivación o de la etimología del término ofrece poca ayuda. Tendremos que formular y verificar nuestra definición sobre bases diferentes a la del significado original del término.

La palabra pecado frecuentemente se define como "cualquiera violación de, o falta de conformidad a la perfecta voluntad de Dios". Chafer declara que el creyente, al escudriñar su vida para ver si hay pecado en ella, debe preguntarse: "¿He hecho su voluntad *total* y *solamente* la voluntad de Dios con móviles tan puros como los cielos y en la inmutable fidelidad que caracteriza al Infinito?"[2] Si esta es la norma, ninguno de nosotros tiene que buscar demasiado. ¿Qué criatura finita podría vivir en "la inmutable fidelidad que caracteriza al Infinito"?

Este punto de vista juzgaría todo comportamiento objetivamente, en la forma en que se relacione con una ley abstracta de justicia perfecta. El pecado entonces se define como cualquier desvío, cualquiera que fuere su ocasión o causa, de esta norma absoluta. Ya que ninguna criatura finita puede escapar de tales fracasos, se concluye que ser humano es estar propenso a pecar "cada día, en palabra, pensamiento y obra".

Los teólogos arminianos, por lo general, han estado dispuestos a aceptar esta "amplia" definición del pecado. Pero inmediatamente han propuesto en oposición a ella una definición "angosta", la cual considera que el pecado es "la transgresión voluntaria de una ley conocida de Dios". Esto es lo que hace Juan Wesley en su famoso pasaje de *La perfección cristiana*:

> Los mejores hombres necesitan todavía a Cristo en su oficio sacerdotal, para hacer expiación por omisiones, faltas (como muy bien dicen algunos), sus errores en pensamiento y de hecho, y sus defectos de varias clases. Pues todos son desvíos de la ley perfecta, y por consiguiente necesitan expiación. Sin embargo deducimos que no son realmente pecados, por las palabras de San Pablo, "El amor no hace mal al prójimo; así que el cumplimiento de la ley es el amor" (Romanos 13:10). Así que los errores y cualquier flaqueza que necesariamente obedecen al estado corruptible del cuerpo, no son de ningún modo contrarios al amor; y por lo tanto, no son pecados en el sentido bíblico...
>
> No sólo lo propiamente llamado pecado (es decir, la transgresión voluntaria de una ley conocida), sino lo impropiamente llamado pecado (es decir, la transgresión involuntaria de una ley divina, ya sea conocida o no) necesita la sangre expiatoria. Creo que no hay tal perfección en esta vida que excluya

estas transgresiones involuntarias, las cuales entiendo que son naturalmente debido a la ignorancia y errores que no pueden separarse de la mortalidad. Por tanto, *perfección sin pecado* es una frase que nunca uso, no sea que aparente contradecirme a mí mismo. Creo que una persona llena del amor de Dios está todavía expuesta a transgresiones involuntarias.³

Sin ignorar la definición "amplia", la segunda intuición de Wesley está más apegada al concepto novotestamentario de pecado. El pecado en el Nuevo Testamento es un concepto ético y no legal. Por ser así, tiene que involucrar ambos, el conocimiento o la luz, y la elección o el móvil.

Todo esto viene a ser de importancia primordial cuando tornamos a la cuestión de la liberación del creyente del pecado. La definición legal o "amplia" del pecado incluye, necesariamente, la definición moral o "angosta". La pregunta es, ¿puede un cristiano vivir libre de pecado? Aquí, como en todos los casos, no tenemos mejor norma que la Palabra de Dios.

Poniendo a Prueba una Definición

El principio fundamental involucrado en la discusión de las siguientes páginas puede declararse muy sencillamente como sigue: El sentido en que se usa un término se puede determinar solamente substituyendo la definición del término en el contexto donde ocurre. Si todo el pasaje hace sentido cuando la definición propuesta es sustituida por el término en cuestión, entonces la definición es satisfactoria. Pero, si el pasaje se vuelve incoherente o sin significado cuando la definición propuesta es sustituida por el término, la definición debe considerarse no satisfactoria.

Una ilustración: Todos conocemos bien el proverbio: "La excepción prueba la regla." Ahora bien, el verbo "probar" tiene dos definiciones: Puede definirse como "establecer la verdad de algo", también puede definirse como "probar —pasar por un examen— la verdad de algo". Así que, en el primer caso probamos una proposición geométrica, y en el segundo tenemos un campo de pruebas como el lugar donde se prueba la artillería.

¿Cuál es el significado del verbo "probar" en el dicho: "La excepción prueba la regla"? Sustituyamos la primera definición: "La excepción establece la verdad de la regla." Claramente esta se contradice a sí misma. En este contexto, la primera definición pierde su significado. Tratemos de sustituir la palabra con la segunda definición: "La excepción prueba la verdad de la regla." Esto es obvio y cierto, y establece la segunda definición como la que mejor expresa el significado del término en cuestión.

Esto es lo que proponemos como método para determinar precisamente el significado novotestamentario del verbo "pecar". Declaremos las dos definiciones opuestas tan concisamente como sea posible. Luego sustituyamos cada una con el verbo donde ocurren en el Nuevo Testamento (41 veces en total).[4] De este modo podremos determinar cuál es la definición que se aproxima más al concepto novotestamentario de *hamartano*, "pecar".

Puesto que la limitación de espacio nos prohíbe el estudio de los 41 versos, primero daremos un resumen de los resultados de un examen completo de todos los pasajes, y luego ofreceremos algunos ejemplos representativos.

La definición legal de pecado puede declararse brevemente: "Desviarse en cualquier forma de la norma absoluta de una conducta perfecta." La definición ética puede darse en la atinada frase de Wesley: "Violación voluntaria a la ley conocida de Dios."

Haciendo la sustitución en cada una de las 41 referencias,[5] obtenemos resultados muy interesantes. La definición ética cabe bien y hace sentido en todas, sin excepción. La definición legal encuadra y hace sentido *solamente en cuatro*. No puede sustituirse en los otros 37 casos sin que haya incoherencia o contradicción.

El hecho de que la definición legal —"desviarse en cualquier forma de la norma absoluta de una conducta perfecta"— *haga* sentido en cuatro de los pasajes, *no* significa por sí solo que sea la definición adecuada aun de estos pasajes. Esto se debe a que la definición ética encaja mejor y hace mejor sentido aun en estos mismos cuatro pasajes, y tiene la inmensurable ventaja de ser más consistente con el resto del Nuevo Testamento.

Veamos brevemente los cuatro usos en los cuales ambas definiciones hacen sentido. Se encuentran en Romanos 2:12 donde el verbo se usa dos veces; en Romanos 3:23, y en 1 Juan 1:10. Dichas citas se leen como sigue: *Porque todos los que sin ley han pecado, sin ley también perecerán; y todos los que bajo la ley han pecado, por la ley serán juzgados; por cuanto todos pecaron, y están destituidos de la gloria de Dios; si decimos que no hemos pecado, le hacemos a él mentiroso, y su palabra no está en nosotros.*

Como se dijo anteriormente, *podríamos* leer estos versículos con la definición legal en lugar de la palabra y obtener un sentido más o menos aceptable. Podríamos leer: "Porque todos los que sin ley *se han desviado en cualquier forma de la norma absoluta de una conducta perfecta* sin ley también perecerán; y todos los que bajo la ley *se desvían de la norma absoluta de la conducta perfecta*, por la ley serán juzgados"; "por cuanto todos *se han desviado de la norma absoluta de una conducta perfecta*, y están destituidos de la gloria de Dios"; "si decimos que no *nos hemos desviado de la norma absoluta de una conducta perfecta*, le hacemos a él mentiroso, y su palabra no está en nosotros."

Sin embargo, notemos cuánto más natural y más significativa es la definición ética en estos mismos pasajes: "Porque todos los que sin ley, *voluntariamente han violado la ley conocida de Dios*, sin ley también perecerán; y todos los que *voluntariamente han violado la ley conocida de Dios*, por la ley serán juzgados"; "por cuanto todos han *voluntariamente violado la ley conocida de Dios*, y están destituidos de la gloria de Dios"; "si decimos que no hemos *voluntariamente violado la ley conocida de Dios* lo hacemos a él mentiroso, y su palabra no está en nosotros".

La Definición Legal no Es Escritural

Los versículos decisivos son esos 37 en los cuales la definición legal no encaja. Ninguna definición podría ser aceptada satisfactoriamente cuando destruye el 90 por ciento de los pasajes donde aparece el término. Para ilustrar el punto, arbitrariamente se han escogido los cinco pasajes siguientes:

1. En Juan 5:14 leemos: *Después le halló Jesús en el templo, y le dijo: Mira, has sido sanado; no peques más, para que no te venga alguna cosa peor.* Sustituyendo con la definición legal, leeríamos: "Mira, has sido sanado; *no te desvíes en ninguna forma de la norma absoluta de la conducta perfecta*, para que no te venga alguna cosa peor." Esto seguramente colocaría a este pobre hombre en una posición difícil. ¿Cómo podría él evitar todo desvío de una norma perfecta, conocida o no, voluntaria o involuntariamente? Pero cuando insertamos la definición ética de pecado, el requisito de nuestro Señor Jesucristo se convierte en razonable y, por su gracia, posible: "Mira, has sido sanado; *no violes voluntariamente la ley conocida de Dios*, para que no te venga alguna cosa peor."

2. Seguidamente examinamos Romanos 6:15: *¿Qué, pues? ¿Pecaremos, porque no estamos bajo la ley, sino bajo la gracia? En ninguna manera.* Al sustituir con la definición legal nos confrontamos con este patente absurdo: "¿Qué, pues? *¿Nos desviaremos en cualquier forma de la norma absoluta de la conducta perfecta*, porque no estamos bajo la ley, sino bajo la gracia? En ninguna manera." Sin embargo, la definición ética presenta ante nosotros la norma novotestamentaria de la conducta cristiana. "¿Qué, pues? *¿Violaremos voluntariamente la ley conocida de Dios*, porque no estamos bajo la ley, sino bajo la gracia? En ninguna manera."

3. Otro versículo de las epístolas paulinas es 1 Corintios 15:34: *Velad debidamente, y no pequéis; porque algunos no conocen a Dios; para vergüenza vuestra lo digo.* Insertando la definición legal, tendríamos: "Velad debidamente, y *no os desviéis en ninguna forma de la norma absoluta de la conducta perfecta*; porque algunos no conocen a Dios; para vergüenza vuestra lo digo." Puesto que los que sostienen esta definición niegan rotundamente la posibilidad de vivir un solo día sin pecar en palabra, pensamiento, u obra, hacen de este versículo un absurdo. Sin embargo, la definición ética revela esto como la obligación universal de todos los creyentes novotestamentarios: "Velad debidamente, y *nunca violéis voluntariamente la ley conocida de Dios*; porque algunos no conocen a Dios."

4. El cuarto versículo a prueba se encuentra en Hebreos 10:26, un versículo solemne que advierte que la expiación de Cristo no tiene ningún provecho para los que viven voluntariamente en pecado. Se lee así: *Porque si pecáremos voluntariamente después de haber recibido el conocimiento de la verdad, ya no queda más sacrificio por los pecados.* La presencia del adverbio *voluntariamente*, que recalca el carácter deliberado del pecado aquí en cuestión, hace difícil la sustitución. Sin embargo, resultaría más o menos así: Porque si *voluntariamente nos desviamos en cualquier forma de la norma absoluta de la conducta perfecta* después de haber recibido el conocimiento de la verdad, ya no queda más sacrificio por los pecados." Esto sería suficiente para desesperar a cualquiera.

Pero supongamos que lo leemos con la definición ética del pecado: "Porque si *deliberada y voluntaria-*

mente violamos la ley conocida de Dios después de haber recibido el conocimiento de la verdad, ya no queda más sacrificio por los pecados." Esta es una amonestación solemne, pero en perfecta armonía con todo el tenor del Nuevo Testamento. No intenta quitarle la esperanza al apóstata, sino amonestar a todos —cualquiera que haya sido su previo estado de gracia—, que nadie puede vivir en pecado voluntariamente y a sabiendas, y reclamar la eficacia de la muerte expiatoria de Cristo. Un examen del original nos revela que aquí tenemos el participio —"pecando voluntariamente, ya no queda sacrificio por el pecado". Cuando el apóstata vuelve otra vez a Dios con sincero arrepentimiento, encuentra que la sangre expiatoria es perfectamente adecuada como sacrificio por los pecados.

5. Nuestro último pasaje es 1 Juan 3:8-9. Aquí leemos: *El que practica el pecado es del diablo; porque el diablo peca desde el principio. Para esto apareció el Hijo de Dios, para deshacer las obras del diablo. Todo aquel que es nacido de Dios, no practica el pecado, porque la simiente de Dios permanece en él; y no puede pecar, porque es nacido de Dios.* Dos de los términos aquí son sustantivos, y dos son verbos. Sin embargo, la coherencia del pasaje demanda que sean comprendidos como si tuvieran el mismo significado.

Probemos primero la definición legal. Los versículos en cuestión se leerían entonces: "El que *se desvía en cualquier forma de la norma absoluta de la conducta perfecta* es del diablo; porque el diablo *asimismo se desvía* desde el principio... Todo aquel que es nacido de Dios, *no se desvía de la norma absoluta de la conducta perfecta*, porque la simiente de Dios permanece en él; y no puede *desviarse de tal forma*, porque es nacido de Dios." Esto limitaría drásticamente el número de los hijos de Dios. Eliminaría de seguro a todos los seres humanos finitos.

Cuando volvemos a la definición ética, y reconocemos las formas del verbo como las que son usadas para indicar acción repetida y usual, encontramos en estos versículos una conformidad perfecta con toda la verdad revelada de Dios. "*El que voluntariamente viola la ley conocida de Dios*, es del diablo; porque el diablo *así viola la ley de Dios* desde el principio... Todo aquel que es nacido de Dios, *no viola voluntariamente la ley conocida de Dios*, porque es nacido de Dios."

Algunos han tratado de desviar la fuerza de este versículo interpretando las palabras "no puede pecar" como que significan: "no tiene capacidad para pecar". Se debe indicar, no obstante que, "no puede" se usa aquí en el sentido lógico y legislativo y no para indicar incapacidad.

Por ejemplo, podemos parafrasear este versículo y ver su significado completo: "Cualquiera que es hombre honrado no roba; porque su honestidad permanece en él; y no puede robar porque él es un hombre honrado." Esto hace sentido perfectamente. No quiere decir que un hombre honrado no sea capaz de tomar aquello que no le pertenece. Tiene manos y pies y deseos igual que otros hombres. Lo que sí quiere decir es que un hombre honrado *no puede* robar. Lógicamente es imposible ser honrado y ladrón al mismo tiempo. Cuando un hombre honrado principia a robar, deja de ser un hombre honrado y se convierte en ladrón.

También podríamos leer: "Cualquiera que es un hombre veraz, no miente, porque la verdad permanece en él; y no puede mentir, porque es un hombre veraz." Esto también hace sentido. No dice que a un hombre veraz le falte lengua, labios y mente con las cuales podría fabricar falsedades. Pero dice que cuando un hombre veraz principia a mentir, ya no es veraz. Se vuelve mentiroso. Y así como en todo el universo de Dios no se encuentra un ladrón honrado o un mentiroso veraz, de igual manera, en todo el universo de Dios no hay un santo pecador, o un hijo de Dios violando voluntariamente la ley conocida de Dios.

Esto no significa que un hijo sincero de Dios, en un momento de debilidad espiritual y bajo la presión de fuerte tentación, no pueda ceder y cometer pecado. Sin embargo, Dios ha proporcionado un remedio instantáneo para esto, como se demuestra en 1 Juan 2:1-2: *Hijitos míos, estas cosas os escribo, para que no pequéis; y si alguno hubiere pecado, abogado tenemos para con el Padre, a Jesucristo el justo. Y él es la propiciación por nuestros pecados; y no solamente por los nuestros, sino también por los de todo el mundo.*

Aquí los verbos están en el tiempo aoristo e indican acción no repetida y habitual. Pero aun aquí, se desmiente la falsa noción de que los cristianos no pueden evitar el pecado. La amonestación fue escrita para que ellos no pequen. El curso normal de la conducta es "para que no pequéis". La declaración que sigue inmediatamente, "si alguno hubiere pecado", indica que el pecado es la excepción y no la regla. Pero cuando ocurre la tragedia —el pecado en la vida del cristiano no es nada menos que eso— Dios ha proporcionado un remedio para la confesión inmediata y por la intercesión de Jesucristo el Justo. No se debe perder ni un momento en recurrir a la sangre de Cristo, para que su eficacia sea aplicada.

Pero el dejar de fallar en enmendar la brecha es abrir la puerta a otros pecados, y volver al pecado completamente. Lo que mata la vida espiritual no es la acción sola y excepcional, a la que se renuncia y que se confiesa inmediatamente, sino el hecho sin arrepentimiento que persiste. Un desconocido le preguntó a un pescador:

—Si se cayera uno aquí, ¿se ahogaría?

—Me parece que no —fue la respuesta.

—¿Por qué? ¿No es el agua muy profunda? —preguntó el otro.

—Sí, muy honda —replicó el pescador— pero no es la caída lo que lo ahoga a uno, sino el quedarse adentro.

Cambiando la figura, cuando el automóvil de uno tiene un neumático desinflado, no representa su estado normal. Todos los automóviles están hechos para operar con cuatro neumáticos bien inflados. Cuando uno se desinfla, hay dos cosas que se podrían hacer. Uno podría seguir guiando hasta la próxima estación de servicio —a 10, 20 ó 30 kilómetros de distancia. Pero al hacer eso, no sólo sería para reparar un pinchazo, sino que habrá que comprar todo nuevo —el neumático y el aro de metal. Hasta podría necesitarse una reparación mayor. O uno podría bajarse inmediatamente, parchar el agujero o poner la llanta de repuesto y continuar sin ningún daño permanente.

Demasiados creyentes recién convertidos que son atrapados momentáneamente por el pecado, continúan corriendo con el neumático desinflado, por decirlo así, hasta el siguiente avivamiento o retiro campestre. Renuncian a su fe y arrojan a un lado su confianza, y para cuando llega el siguiente avivamiento, no solamente tienen que componer un pinchazo, sino que también tienen que comprar neumático y el aro de metal. Se necesita una reparación mayor para ponerlos otra vez en el camino. ¡Cuánto mejor habría sido detenerse inmediatamente, pedir perdón, recibirlo y seguir caminando ilesos con sólo una breve interrupción en el compañerismo con Dios!

Esta prueba que hemos hecho a estas dos diferentes definiciones del pecado nos lleva a la conclusión de que la definición legal es generalmente inadmisible. La definición ética pasa airosa la prueba crucial en cada ejemplo. Además, resulta evidente que el Nuevo Testamento sostiene una norma de vida cristiana en general, y particularmente en la vida santificada, que no da lugar a una conducta pecaminosa.

La Importancia de un Concepto Correcto del Pecado

Alguien me podría preguntar: "¿Qué importancia tiene lo que uno piense acerca de lo que es el *pecado*? ¿No es esto solamente un debate de palabras? ¿Por qué no llamar pecados a los lapsos de memoria, a los errores de criterio y a las imperfecciones de conducta, siendo que los tres son causados por las flaquezas humanas?"

La respuesta es triple. Primeramente en las palabras del doctor H. Orton Wiley: "Llamar pecado a lo que no es pecado es abrir la puerta también a pecar."[7] Aceptar la definición "amplia" o legal de pecado es ser forzados a admitir que los seres humanos —limitados por la carne no pueden escapar de la servidumbre al pecado. Y hacer que todo sea pecado equivale, en efecto, a hacer que nada sea pecado. Es imposible clasificar el pecado en categorías. Si las promesas olvidadas, los juicios erróneos y las flaquezas humanas son pecado, entonces no hay distinción cualitativa entre estos llamados pecados y la mentira, el robo, o la inmoralidad. Entonces, la puerta está abierta de par en par para toda clase de pecados.

Segundo, la conciencia y la consciencia cristianas sostienen que aquí hay una diferencia cualitativa crucial. Al ser juzgados por la ley del derecho objetivo, no hay diferencia entre la promesa olvidada y una promesa no cumplida; no hay diferencia entre una declaración falsa hecha por ignorancia y una mentira. Es simplemente que algo prometido no se ha cumplido, y se ha dicho una mentira.

Pero, ¡cuánta diferencia hay cuando se juzga subjetivamente! En los casos de las promesas olvidadas y de declaraciones falsas por ignorancia, hay remordimiento —pero no culpa. Hay tristeza, pero no pecado. Los lapsos de memoria y la ignorancia son lamentables y se deberían evitar tanto como sea posible, pero no interrumpen la comunión con Dios ni acarrean culpa a la consciencia cristiana.

La conciencia siempre percibe la esencia del pecado en el universo de la intención o móvil. En ningún sentido se trata de menospreciar el lado objetivo o material de la ley moral. Ni de dar licencia para cometer desatinos bien intencionados. Lo que sí hace, sin embargo, es reconocer que el pecado es fundamentalmente un asunto de escoger, de intención o propósito.

Tercero, esta distinción es vital porque es bíblica. Toda la Biblia reconoce que existen faltas y flaquezas y las distingue claramente del pecado. Por ejemplo, Cristo nos salva de nuestros pecados (Mateo 1:21), nos purifica del pecado carnal (1 Juan 1:7), pero El se compadece de nosotros y se siente de nuestras flaquezas (Hebreos 4:15). Esto representa una diferencia vital en nuestra actitud hacia el pecado, por un lado, tanto interno como externo, y hacia nuestras flaquezas humanas, por el otro.

Además, el Espíritu Santo redarguye de pecado (Juan 16:8), nos libra de la carnalidad (Romanos 8:2), y nos ayuda en nuestras flaquezas (Romanos 8:26). El perdón de los pecados y la purificación del pecado se efectúan instantáneamente. Las flaquezas no pueden ser curadas por una experiencia de crisis, sino que deben ser enfrentadas en el campo de batalla de la vida diaria, y vencidas o sublimadas con la ayuda del Espíritu.

La ley moral es en sí misma de tal carácter que puede ser cumplida solamente por aquellos cuyo amor y móviles son puros, y no por la conformidad externa solamente, no importa qué tan minuciosa sea. Esto es claramente lo que Pablo quiere decir en Romanos 13:8-10: *No debáis a nadie nada, sino el amaros unos a otros; porque el que ama al prójimo, ha cumplido la ley. Porque: No adulterarás; no matarás, no hurtarás, no dirás falso testimonio, no codiciarás, y cualquier otro mandamiento, en esta sentencia se resume: Amarás a tu prójimo como a ti mismo. El amor no hace mal al prójimo; así que el cumplimiento de la ley es el amor.* Además, en Gálatas 5:14 encontramos: *Porque toda la ley en esta sola palabra se cumple: Amarás a tu prójimo como a ti mismo.* Jesús da a entender la misma verdad en Mateo 22:37-40: *Jesús le dijo: Amarás al Señor tu Dios con todo tu corazón, y con toda tu alma, y con toda tu mente. Este es el primero y grande mandamiento. Y el segundo es semejante: Amarás a tu prójimo como a ti mismo. De estos dos mandamientos depende toda la ley y los profetas.*

¿Es Necesario el Pecado?

El espacio nos permitirá solamente un examen muy breve de muchos pasajes citados en defensa de la doctrina de los llamados santos pecadores. La mayoría de éstos son entendidos suficientemente cuando se estudian con todo su contexto.

La frase del Padrenuestro, *Perdónanos nuestras deudas* (o transgresiones) se cita a menudo para mostrar que hay pecado diario en la vida del creyente. Tal vez sea suficiente indicar, como lo hace Charles Ewing Brown en *The Meaning of Salvation*[8] (*El significado de la salvación*), que el Padrenuestro es una oración social, e incluye a aquellos que pudieron haber pecado. Sin embargo, el hecho de que nuestro Señor Jesucristo acople esta frase inmediatamente a la condición de que nosotros perdonemos a los que han transgredido contra nosotros, nos lleva a pensar que el que sigamos teniendo el perdón de pecados cometidos anteriormente está condicionado a nuestro espíritu de perdón para aquellos que han pecado contra nosotros. Tal certidumbre es la enseñanza de la parábola de los dos deudores en Mateo 18:23-35.

Frecuentemente la última parte del capítulo 7 de Romanos es usada para mostrar la certeza del pecado en la vida cristiana. Esto, según vimos en el capítulo 1, puede sostenerse solamente ignorando el contexto con su innegable testimonio a la liberación del principio del pecado y de la muerte.

Romanos 14:23: *Y todo lo que no proviene de fe, es pecado.* Esto se cita a veces para probar que cualquier duda pasajera en la mente es pecado. Aun la lectura casual del contexto mostrará que Pablo está, en efecto, discutiendo el carácter ético del pecado e indicando que ir en contra de las convicciones de uno mismo es lo que constituye un acto o práctica pecaminosa.

Santiago 4:17: *Y al que sabe hacer lo bueno, y no lo hace, le es pecado.* Se supone que esta frase indica que no hacer lo necesario en cualquier respecto del más alto bien conocido, por cualquier razón, es de naturaleza pecaminosa. Hay aquí una advertencia saludable contra los pecados de omisión. Porque rehusar hacer lo que Dios manda es tan pecaminoso como hacer lo que Dios prohíbe. Sin embargo, la *y* indica la relación de esta afirmación con lo que antecede. Ese contexto nos amonesta a reconocer la voluntad de Dios en todos nuestros planes. Rehusar hacer esto es pecar.

En conexión con el tema, con frecuencia se cita 1 Juan 1:10 como si dijera: "Si decimos que no pecamos continuamente, le hacemos a él mentiroso, y su palabra no está en nosotros." Pero lo que realmente dice, es: *Si decimos que no hemos pecado, le hacemos a él mentiroso.* Ningún cristiano niega que haya pecado alguna vez. Es precisamente de este constante estar pecando de lo que él dice que ha sido salvo. Todos tienen pecados que necesitan ser perdonados e injusticias de las que deben ser purificados. Pero no hay ninguna evidencia aquí que indique que quien es perdonado y purificado deba continuar en pecado.

En el Nuevo Testamento, Juan mismo es el opositor más severo de esta noción. Es casi increíble que él deba ser citado tan a menudo en defensa del libertinaje de un creyente para pecar. El dice, además de los pasajes enfáticos ya citados de su primera carta: *Si decimos que tenemos comunión con él, y andamos en tinieblas, mentimos, y no practicamos la verdad* (1 Juan 1:6). *El que dice: Yo le conozco, y no guarda sus mandamientos, el tal es mentiroso, y la verdad no está en él* (1 Juan 2:4). *El que dice que está en la luz, y aborrece a su hermano, está todavía en tinieblas* (1 Juan 2:9). *Todo aquel que aborrece a su hermano es homicida; y sabéis que ningún homicida tiene vida eterna permanente en él* (1 Juan 3:15). *Sabemos que todo aquel que ha nacido de Dios, no practica el pecado, pues Aquel que fue engendrado por Dios le guarda, y el maligno no le toca* (1 Juan 5:18).

Lewis Sperry Chafer sostiene que los "erradicacionistas" como él les llama, aducen que, puesto que su naturaleza pecaminosa es destruida, ya no tienen la capacidad de pecar.[9] Esto sería la "perfección sin pecado" que Wesley desconoció firmemente, como lo ha hecho todo el movimiento de santidad desde entonces. Lo que afirmamos no es, "que no tengamos capacidad para pecar", sino que "por medio de la gracia regeneradora y santificadora de Dios, *somos capaces de no pecar*". Este concepto es escritural, y esta es la fe y experiencia de cada hijo de Dios victorioso y santificado. *Mas gracias sean dadas a Dios, que nos da la victoria por medio de nuestro Señor Jesucristo* (1 Corintios 15:57).

La Naturaleza de la Perfección Cristiana

El efecto de esto sobre la doctrina de la perfección cristiana debe estar claro en este punto. No hay tal perfección que impida la posibilidad de hacer errores en cuanto a juicios, errores de comprensión, y aun faltas, fracasos, y derrotas incidentales a cualquier intento humano. Ningún maestro de santidad reconocido jamás ha enseñado que haya tal perfección. El señalar imperfecciones tan obvias no refuta la doctrina wesleyana de la entera santificación. Nadie está más consciente de ellas que aquellos cuyos corazones están verdaderamente conformados a la mente que hubo en Cristo Jesús.

No hay orgullo en la perfección evangélica. Es cierto que algunos seguidores de santidad han dado la impresión de presunción y de tenerlo todo, pero en el grado en que tal actitud los ha poseído, en ese grado han quedado cortos de las implicaciones reales de lo que profesan.

Por otro lado, es completamente falso afirmar que el pecado es necesario en la vida cristiana para que el creyente sea humilde. Como indicó Juan Fletcher en este mismo punto, si el pecado hace a la gente humilde, entonces Satanás debería poseer la mayor humildad. En vez de eso es el prototipo del orgullo.

La perfección de la cual hablamos y que tratamos de ejemplificar a este mundo perdido, es, como se ha dicho tantas veces, la perfección del amor. *En esto se ha perfeccionado el amor en nosotros, para que tengamos confianza en el día del juicio; pues como él es, así somos nosotros en este mundo* (1 Juan 4:17). Dicha perfección no puede salvar de errores no intencionados ni de faltas inevitables. Pero sí nos guía, en cuanto reconocemos que son errores y faltas, a una rectificación inmediata y humilde, en toda forma posible, de dichas faltas, errores y equívocos. Y excluye el pecado para siempre en el sentido novotestamentario: *Pues este es el amor a Dios, que guardemos sus mandamientos; y sus mandamientos no son gravosos* (1 Juan 5:3).

Capítulo 4

SANTIFICACIÓN Y LAS SEÑALES

El cuarto asunto que consideraremos emana de la muy diseminada enseñanza acerca de los dones del Espíritu, y su relación a la vida cristiana como posibles señales del bautismo con el Espíritu Santo. Hay una línea importante de enseñanza en el Nuevo Testamento respecto a los dones del Espíritu, y numerosos ejemplos que describen el ejercicio de estos dones. Estos forman el antecedente escritural de la enseñanza actual que dice que uno o más de estos dones pueden ser considerados como una señal externa del bautismo con el Espíritu Santo.

En nuestra discusión de este asunto, nos basaremos principalmente en el libro del señor Ralph M. Riggs[1], titulado: *El Espíritu Mismo* (*The Spirit Himself*). El libro contiene mucho material recomendable. Es claro, moderado y está bien documentado. El señor Riggs declara su propósito en el prefacio:

Los ministros del movimiento pentecostal han estado tan ocupados predicando las verdades entregadas a ellos en estos últimos días, que no muchos escritores han tomado tiempo para escribir en forma sistemática "estas cosas que son tan seguramente creídas por nosotros". En la actualidad hay millares de estudiantes en nuestros institutos y colegios bíblicos que deben aprender, entre las doctrinas del cristianismo, las doctrinas distintivas de nuestra iglesia. Nuestros ministros igualmente necesitan mucho material adicional respecto a nuestro testimonio distintivo.[2]

Podría parecer entonces que uno puede aceptar este libro como una expresión bastante definitiva de la posición tomada por uno de los grupos de cristianos evangélicos más numerosos que aceptan y enseñan la teoría de las señales del bautismo con el Espíritu. La posición y propósito de su autor parecen justificar esta confianza.

El Bautismo con el Espíritu Santo y la Entera Santificación

Primero conviene considerar la relación en el Nuevo Testamento entre el bautismo con el Espíritu Santo y la doctrina wesleyana de la entera santificación. Se han separado a los dos muy a menudo. Se ha notado que Juan Wesley le dio poca importancia a la posible identidad de estas dos operaciones del Espíritu divino.[3] Hoy, muchos de los que recalcan la importancia del bautismo con (o, "en", como muchos prefieren decir) el Espíritu Santo tienen poco o nada que decir respecto al efecto de dicho bautismo en relación al problema de la liberación del pecado.

Estamos convencidos de que el Nuevo Testamento da abundante justificación para asumir que el bautismo con el Espíritu y la entera santificación son dos aspectos de la misma obra de gracia divina en corazones cristianos. Hay aquí cinco puntos de importancia.

1. *Ambas Son la Herencia sólo de los Creyentes*

El bautismo con el Espíritu Santo y la entera santificación son la herencia de la misma clase de personas, es decir, de los que han sido previamente convertidos. El señor Riggs dedica dos capítulos a este particular[4], y afirma correctamente "que, aunque todos los creyentes tienen el Espíritu Santo, todavía resta que todos los creyentes, además de tener el Espíritu Santo, puedan ser llenos o bautizados con el Espíritu Santo".[5] El cita y aprueba las palabras de R. A. Torrey, primer director del Instituto Bíblico Moody:

> Es evidente que el bautismo con el Espíritu Santo es una operación del Espíritu Santo distinta de su obra regeneradora y adicional a ella... Un hombre puede ser regenerado por el Espíritu Santo, y todavía no ser bautizado con el Espíritu Santo. En la regeneración se imparte vida por el poder del Espíritu, y el que la recibe es salvo: en el bautismo con el Espíritu Santo se imparte poder, y el que lo recibe es capacitado para el servicio.[6]

Negativamente, no hay en el Nuevo Testamento un solo ejemplo ni promesa de que un incrédulo haya sido bautizado con el Espíritu Santo. Positivamente, cada caso de ello, o promesa de que alguna persona haya sido llena o bautizada con el Espíritu Santo va acompañada de la evidencia de que dicha persona había sido regenerada previamente.

En forma similar, el Nuevo Testamento es claro sobre este punto: solamente aquellos que han nacido de nuevo pueden experimentar la plenitud santificadora del Espíritu Santo. Jesús dice explícitamente en su oración pontifical, dedicada al gran interés de que Dios santificara a sus discípulos por su Palabra (Juan 17:17): *Yo ruego por ellos; no ruego por el mundo, sino por los que me diste; porque tuyos son* (v. 9); y, *mas no ruego solamente por éstos, sino también por los que han de creer en mí por la palabra de ellos* (v. 20). El apóstol Pablo se dirige a los tesalonicenses, en relación a cuyo estado de gracia no cabe duda alguna, diciendo: *Y el mismo Dios de paz os santifique por completo; y todo vuestro ser, espíritu, alma y cuerpo, sea guardado irreprensible para la venida de nuestro Señor Jesucristo* (1 Tesalonicenses 5:23).

La evidencia básica de que solamente los creyentes pueden ser enteramente santificados se encuentra en que todas las epístolas del Nuevo Testamento fueron dirigidas a aquellos que estaban identificados con la iglesia, y a quienes se consideraba personas regeneradas. Por eso, la veintena de exhortaciones y admoniciones a la santificación, la santidad, y la pureza de corazón y vida que se encuentran allí son parte del privilegio y responsabilidad de los que han nacido de nuevo.

2. *Ambas Son Obradas por el Espíritu*

Tanto el bautismo con el Espíritu como la entera santificación son obradas por la misma agencia, específicamente, por el Espíritu de Dios. En el caso del bautismo se muestra por el nombre mismo. Ser nacido del Espíritu es una cosa, ser bautizado con el Espíritu es una gracia subsecuente. Pero en cada caso, el Agente eficaz es la Tercera Persona de la Trinidad, el Espíritu Santo de Dios.

El mismo Espíritu que regenera igualmente santifica. Consideremos, por ejemplo, 1 Pedro 1:2: *Elegidos según la presciencia de Dios Padre en santificación del Espíritu, para obedecer y ser rociados con la sangre de Jesucristo.* Y también 2 Tesalonicenses 2:13: *Pero nosotros debemos dar siempre gracias a Dios respecto a vosotros, hermanos amados por el Señor, de que Dios os haya escogido desde el principio para salvación, mediante la santificación por el Espíritu y la fe en la verdad.*

3. *Ambas Son Otorgadas bajo las Mismas Condiciones*

En la Palabra se fijan idénticas condiciones para recibir el bautismo con el Espíritu y la entera santificación. En su capítulo titulado "El bautismo en el Espíritu Santo, y cómo recibirlo"[7], Riggs fija cuatro condiciones principales para poder recibir la plenitud del Espíritu.

Primera, uno debe estar consciente de la salvación: "Debemos primeramente orar hasta recibir una salvación genuina en la que el Espíritu dé testimonio a nuestro espíritu de que somos hijos de Dios."[8]

Segunda, debe haber obediencia, implicando "un rendimiento perfecto a El". *Y nosotros somos testigos suyos de estas cosas, y también el Espíritu Santo, el cual ha dado Dios a los que le obedecen.* (Hechos 5:32).

Tercera, debemos pedir en oración importunamente. *¿Cuánto más vuestro Padre celestial dará el Espíritu Santo a los que se lo pidan?* (Lucas 11:13).

Finalmente, debemos creer. Esto es un regalo, dice nuestro autor: "El Espíritu Santo es un glorioso regalo enviado de Dios, por gracia, y lo recibimos por fe y solamente por fe. Hay un 'reposo de fe' al que debemos entrar. *Porque el que ha entrado en su reposo también ha reposado de sus obras, como Dios de las suyas*" (Hebreos 4:10).[9]

Estas son exactamente las condiciones establecidas para la experiencia de santidad cristiana. Primero, el que la busca debe estar consciente de que ha nacido de Dios. Efesios 4:20-24 demuestra claramente que la verdadera santidad es el privilegio solamente de aquellos que han conocido a Cristo y que han sido enseñados por El.

Segundo, debe haber una consagración, un rendimiento perfecto a la voluntad de Dios. *Presentaos vosotros mismos a Dios como vivos de entre los muertos, y vuestros miembros a Dios como instrumentos de justicia... así ahora para santificación presentad vuestros miembros para servir a la justicia* (Romanos 6:13, 19).

Tercero, debe haber oración vehemente a fin de entrar de lleno a la gracia de santidad de corazón. En el capítulo de su epístola donde Santiago recalca la "mayor gracia" (4:6, V. M.), y donde dice: *¡Limpiaos las* *manos, oh pecadores, y purificaos los corazones, los que sois de ánimo doble!* (v. 8), él explica las deficiencias espirituales con las palabras: *No tenéis, porque no pedís* (v. 2).

Finalmente, la fe debe apropiarse de la promesa de Dios antes de que el creyente sea enteramente santificado. Jesús comisionó a Pablo a que predicara a los gentiles *para que reciban, por la fe que es en mí, perdón de pecados y herencia entre los santificados* (Hechos 26:18). Aquí, como siempre, *sin fe es imposible agradar a Dios; porque es necesario que el que se acerca a Dios crea que le hay, y que es galardonador de los que le buscan* (Hebreos 11:6).

4. *Ambas Logran los Mismos Resultados*

Lo que se dice del bautismo con el Espíritu y de la santidad escritural es que producen los mismos resultados. Riggs no trata explícitamente con la relación del bautismo con el Espíritu y el pecado como naturaleza en el corazón. Sí indica que el Espíritu Santo reprende al pecado en la vida, y declara: "Por El también el creyente es hecho apto para vivir una vida de victoria sobre el pecado. Por lo tanto, la santidad es la característica sobresaliente de este miembro de la Trinidad."[10] En su descripción del significado del título "Espíritu de santidad", Riggs comenta:

> El Espíritu de Santidad, como espíritu que discierne, descubre y condena todo lo que es malo, y como espíritu ardiente, purifica todo. Esto es una obra no muy agradable para el creyente, pero es muy vital para el programa de Dios. La Esposa del Cordero debe ser una iglesia gloriosa, sin mancha ni arruga o cosa semejante. Debe ser santa y sin man-

cha. Por esto el Espíritu Santo está ocupado santificándola, purificándola con el lavamiento del agua por la Palabra. Ser lleno con el Espíritu Santo significa permitir que el Espíritu Santo escudriñe, condene, y destruya todas las impurezas de la naturaleza y del espíritu.[11]

No hay duda de que el bautismo con el Espíritu Santo, en lo que respecta a los Hechos de los Apóstoles, resultó en la purificación de los corazones de quienes habían recibido ese bautismo. Pedro declara en Hechos 15:8-9 que el advenimiento del Espíritu resultó "purificando por la fe sus corazones".

Igualmente, la entera santificación resulta en la purificación o el limpiamiento del corazón. Efesios 5:25-27 dice que "Cristo amó a la iglesia, y se entregó a sí mismo por ella para santificarla, habiéndola purificado" para "que no tuviese mancha ni arruga". Se debe notar que la palabra en el idioma original, traducida "purificando" en Hechos 15:9, es la misma palabra que se traduce "purificado" o "limpiada" en Efesios 5:26. En estos dos versículos, pues, se equipara al bautismo con el Espíritu Santo, la santificación de la iglesia, a la limpieza o purificación del corazón.

5. *Ambos Tienen Significados Etimológicos Similares*

Ambos, *el bautismo* y *la santificación* tienen, entre otros significados etimológicos, el idéntico significado de lavar o limpiar de impureza. Bautizar es sumergir, lavar, limpiar. Santificar es hacer santo por medio del limpiamiento de toda contaminación.

En resumen, entonces, el bautismo con el Espíritu y la entera santificación son, a lo sumo, dos aspectos de una obra de la gracia divina que es una y la misma. El corazón santificado es bautizado con el Espíritu Santo. El creyente que es bautizado con el Espíritu Santo es enteramente santificado. El bautismo con el Espíritu Santo es el medio por el cual Dios efectúa la entera santificación del corazón del creyente. Esto queda probado por el hecho de que ambas obras son efectuadas en la misma clase de personas; por la misma agencia; bajo las mismas condiciones; con los mismos resultados; y aún las palabras mismas tienen, entre otros significados etimológicos, algunos que son similares.

Estas consideraciones tienen dos resultados muy prácticos en la vida cristiana. Primero, contradicen la enseñanza de que el bautismo con el Espíritu Santo es una "tercera bendición", subsecuente a la entera santificación. No hay una santidad completa sin la plenitud del Espíritu Santo. Segundo, demuestran que el bautismo con el Espíritu Santo es no solamente para dar poder a la vida cristiana; es para purificar la naturaleza moral del creyente de toda depravación. El poder del Espíritu Santo es el poder de un testimonio claro, respaldado por una vida consistente (Hechos 1:8). Hay poder en la santidad, y la santidad es poder (Hechos 3:12).

La Evidencia del Bautismo

Ahora nos volvemos a esa parte de la así llamada "doctrina pentecostal" que representa el desafío más claro a la doctrina de la entera santificación tal como es entendida en la tradición wesleyana. Se aduce que el bautismo con el Espíritu siempre se evidencia necesariamente por una señal física inicial o prueba.

Riggs reconoce que "una vida de intimidad con Dios y caminar en el poder del Espíritu son las mejores pruebas de que uno está lleno del Espíritu Santo".[12] Sin embargo, inmediatamente continúa:

> El asunto que ahora está ante nosotros es la consideración de la experiencia inicial de recibir el bautismo y aquella señal física y externa que es la evidencia de esta experiencia. La vida llena del Espíritu es tan importante para el cristiano que Dios ha arreglado el asunto de tal manera que uno puede saber muy definitivamente si el cristiano ha tenido o no esta experiencia. No es simplemente un "espero que sí", o la necesidad de ser engañado en el asunto, porque Dios ha dado una prueba física y audible de que uno ha recibido el bautismo en el Espíritu Santo.[13]

Felizmente estamos de acuerdo en que el creyente puede saber muy definitivamente cuándo ha recibido la plenitud del Espíritu, y que no es un "espero que sí", o la necesidad de ser engañado sobre este asunto. El punto en discusión es en cuanto al carácter del testimonio, y la cuestión es si siempre o alguna vez se da una "prueba física y audible".

Riggs considera la profecía como la prueba física y audible de la recepción del Espíritu Santo en el Antiguo Testamento.[14] Sin embargo, en el Pentecostés, asegura él, la prueba física y audible se volvió "un poder divino que pudo habilitarlos para hablar en muchas *otras* y variadas lenguas". El dice:

> En el día de Pentecostés hubo presente como 15 diferentes nacionalidades. Entre los 120 discípulos que fueron llenos con el Espíritu Santo y que hablaron en otras lenguas, todos los 15 idiomas fueron hablados y entendidos por todos estos extranjeros presentes.[15]

Hay algo de misterio en la transición que el autor hace de los 15 idiomas hablados el día de Pentecostés al tipo de glosolalia[16] que se practica hoy en los círculos pentecostales. Después de describir el uso de las lenguas manifestado en el Libro de los Hechos, el autor concluye: "Por lo tanto, todos los que reciben el bautismo en el Espíritu hoy también hablan en lenguas."[17]

En la superficie de este asunto hay un problema con el que el señor Riggs no trata. En el capítulo siguiente al que acabamos de citar en el cual se afirma que el don de lenguas es la prueba audible y externa del bautismo, y que todos los que reciben el bautismo hablan lenguas, nuestro autor da como ejemplos de personas que han recibido el bautismo en la época moderna de la iglesia cristiana a Wesley, Gordon, Finney y Moody. No obstante, no hay ni la menor evidencia que demuestre que ninguno de ellos haya hablado alguna vez una lengua desconocida, ya sea al tiempo de su bautismo o subsecuente a él.

Hasta el principio del movimiento pentecostal moderno, que data del ministerio de Charles F. Parham en Topeka, Kansas, en 1901, y de W. J. Seymour en Los Angeles en 1906 a 1908, los únicos ejemplos de lenguas desconocidas ocurrieron entre sectas no ortodoxas o moralmente cuestionables.

Los montanistas, por ejemplo, eran una secta del segundo siglo que practicaba el hablar en lenguas desconocidas, de las que ellos decían que habían principiado en Corinto en los tiempos del Nuevo Testamento. Sin embargo, los montanistas fueron clasificados como herejes por la iglesia, porque ellos se ufanaban de tener una dispensación del Espíritu superior a la de Cristo y de los apóstoles.

Los jansenistas de Port Royal, y más particularmente sus sucesores conocidos como los "convulsionistas" también hablaron en lenguas. Estos fueron católicos franceses de los primeros días de la Reforma protestante. Esta secta fue suprimida finalmente por las autoridades por las inmoralidades que practicaban.

Los espiritistas primitivos igualmente hablaron en lenguas desconocidas. María Smith de Génova profesó hablar en lengua de Marte. Cuando algunos de estos sonidos fueron transcritos, los estudiosos descifraron una conglomeración de sonidos tomados mayormente del francés, alemán, mezclados con palabras orientales.

Mary Campbell en Escocia y los seguidores de Edward Irving en Inglaterra en el siglo diecinueve practicaron glosolalia.

En los Estados Unidos los "tembladores" hablaron en lenguas. Esta fue una secta originada por Ana Lee, quien era conocida por sus adeptos como "Madre Ana", y quien absurdamente pretendió ser divina al insistir en que la gente la llamara "Ana, la Palabra". Los mormones primitivos, incluyendo a Brigham Young, hablaron en lenguas, y sus coros cantaban en lenguas desconocidas.

Se mencionan estos hechos, no para probar algo concerniente a la presente manifestación de lenguas desconocidas entre los cristianos evangélicos y ortodoxos, sino para demostrar el problema lógico que los pentecostales tienen que confrontar. Es increíble que los seguidores de las sectas heréticas descritas anteriormente, que hablaron en lenguas, sean seleccionados como ejemplos de personas bautizadas con el Espíritu Santo. Empero, ellos hablaron en lenguas, en tanto que hombres como Wesley, Whitefield, Edwards, Finney y Moody no lo hicieron. Si la única ocasión que se habló en lenguas antes del pentecostalismo moderno fue entre los herejes, cuyo "don" debe ser descartado como espurio, y si hablar en lenguas es la única e infalible señal del bautismo, entonces parecería, lógicamente, que nadie tuvo el bautismo desde los tiempos apostólicos durante 19 siglos hasta el pentecostalismo moderno. Esto sería muy difícil de creer.

Los Dones del Espíritu como Señales

Tales consideraciones, aunque importantes, no son decisivas. La verdadera prueba de cualquier enseñanza, para los cristianos evangélicos, debe siempre ser su conformidad con la Palabra de Dios. Volvamos otra vez a la Palabra de Dios para encontrar luz en esta importante cuestión.

Primero, es importante que demos atención a la aserción de que los dones del Espíritu son señales según la intención divina. Riggs sostiene que así es. Citando a Jesús: *Creedme por las mismas obras* (Juan 14:11), *y estas señales seguirán a los que creen* (Marcos

16:17), y Hebreos 2:4: *Testificando Dios juntamente con ellos, con señales y prodigios y diversos milagros y repartimientos del Espíritu Santo según su voluntad,* arguye: "El mero hecho de que los dones del Espíritu son como señales, es prueba de que son necesarios, y por lo tanto, disponibles para nosotros hoy."[18]

Además, concerniente a las multitudes que se congregaron en Jerusalén el día del Pentecostés, Riggs observa: "Acertaron a oír a los discípulos mientras eran llenos del Espíritu y hablaban en otras lenguas según el Espíritu les daba que hablasen. En esta ocasión, las lenguas fueron una señal sumamente convincente para los incrédulos. Han habido muchas otras ocasiones desde este acontecimiento en que esto ha pasado, pues las lenguas son puestas 'como una señal'."[19]

Es muy cierto que en el nombre de Jesús fueron hechas señales y maravillas en la iglesia del Nuevo Testamento (Hechos 4:30), pero esto no nos autoriza para pretender que uno solo de estos dones, *per se*, sea considerado como una señal o evidencia del bautismo con el Espíritu Santo. Lo que es más, parecería que Pablo explícitamente negara el valor de las lenguas como señal en lo que respecta a la iglesia, cuando cita a Isaías: *En otras lenguas y con otros labios hablaré a este pueblo; y ni aun así me oirán, dice el Señor. Así que, las lenguas son por señal, no a los creyentes, sino a los incrédulos* (1 Corintios 14:21-22). Y Jesús dijo a los que pedían una señal: *La generación mala y adúltera demanda señal; pero señal no le será dada, sino la señal del profeta Jonás. Porque como estuvo Jonás en el vientre del gran pez tres días y tres noches, así estará el Hijo del Hombre en el corazón de la tierra tres días y tres noches* (Mateo 12:39-40).

Segundo, está el problema de la naturaleza de las lenguas que, concebiblemente podrían ser consideradas como una señal o evidencia del bautismo con el Espíritu. Por supuesto, hay dos porciones principales del Nuevo Testamento sobre las cuales se basa la enseñanza de las lenguas. Una está en Los Hechos de los Apóstoles, notablemente su capítulo 2; y la otra está en 1 Corintios 12 y 14. Vienen ahora las importantísimas preguntas: ¿Son idénticos estos fenómenos? ¿Son las lenguas de 1 Corintios 12 y 14 iguales a las lenguas de Hechos 2:4? Naturalmente, hay dos diferentes respuestas que pueden darse a esta pregunta. Desafortunadamente, cualquiera de las dos incluye muy serias dificultades para el punto de vista de que las lenguas desconocidas son una evidencia del bautismo con el Espíritu Santo.

1. *Si Son Iguales*

Se puede decir que los dos fenómenos son el mismo. En este caso las lenguas del Nuevo Testamento no son desconocidas en grado alguno, sino idiomas que no han sido aprendidos por quien los habla, pero que pueden ser reconocidos y entendidos por quienes los han aprendido. El señor Riggs declara[20] que no menos de 15 idiomas fueron identificados el día de Pentecostés. Esto, creo yo, es el mejor punto de vista que puede tomarse del relato de Hechos 2.

La admiración de las multitudes congregadas en Jerusalén en aquel primer Pentecostés no fue porque ellos escucharon gente que hablaba en idiomas que ellos no podían entender. Su admiración se debió a que ellos oían a hombres a quienes reconocían como galileos, un pueblo notoriamente provincial y analfabeto, expresándose con perfecta dicción en los idiomas de los países de los cuales esas multitudes habían venido.

De hecho, el don manifestado el día de Pentecostés, lejos de ser lenguas desconocidas, fue dado con el propósito preciso de prevenir que se hablara en una lengua ininteligible. Si los apóstoles hubiesen hablado en su dialecto galileo nativo, sus palabras hubieran sido una lengua desconocida para las multitudes congregadas de países extranjeros. Así que, en lugar de ser lenguas desconocidas, este don fue dado para *prevenir* las lenguas desconocidas.

Si la respuesta a nuestra pregunta en cuanto a la relación entre las lenguas de Hechos 2:4 y las lenguas de 1 Corintios 12 y 14 es que éstas son iguales, entonces llegamos a dos conclusiones: (1) hablar en lenguas como en el caso de Hechos 2:4 es hablar en un idioma extranjero que se pueda identificar por aquellos que lo entienden por naturaleza; y (2) de este don particular se declara expresamente, que fue dado a sólo una porción de creyentes, aun entre los que poseen otros de la variedad de dones espirituales descritos en Corintios. Pablo definitivamente declara que en el cuerpo de Cristo, en el cual todos somos bautizados por un mismo Espíritu (1 Corintios 12:13), *no todos* son profetas, apóstoles, maestros, obradores de milagros, con dones de sanidad, *ni todos hablan lenguas, ni interpretan* (1 Corintios 12:28-30). A la luz de este pasaje, es absolutamente falso afirmar que "todos los que hoy reciben el bautismo en el Espíritu, también hablan en lenguas".[21]

2. Si Son Diferentes

Sin embargo, nuestra pregunta inicial puede ser contestada negativamente. Es decir, se puede afirmar que las lenguas de Hechos 2:4 y las lenguas de 1 Corintios no son iguales —que las lenguas de Hechos 2:4 fueron idiomas inteligibles, mientras que las lenguas de Corinto fueron una manifestación genuina de "lenguas desconocidas", un idioma o expresiones angelicales que pueden ser comprendidas solamente por aquellos que están dotados sobrenaturalmente con el don de la interpretación.

Por el momento no estamos interesados en la naturaleza del don corintio. No todos los eruditos de la Biblia están dispuestos a conceder que era un idioma angelical. Ellos indican que en la versión del Rey Santiago, la palabra "extraña" (1 Corintios 14) está en cursiva, lo que significa que no había palabra correspondiente a ella en el original, sino que fue añadida por los traductores con la esperanza de hacer el sentido más inteligible. Afirman que la cláusula "nadie le entiende" (1 Corintios 14:2), por el contexto significa "ningún hombre presente entiende". Ellos declaran que la palabra repetida tres veces, "indocto" (vv. 23, 24 e implicada en el v. 16), en relación con aquellos que oyen pero no entienden, implica que uno que era "docto" —muy educado, como por ejemplo el apóstol Pablo— reconocería el idioma hablado. Admitimos que esta interpretación es muy atractiva.

Sea como fuere, si las lenguas de Jerusalén y las lenguas de Corinto no fueron las mismas, el problema para la teoría de que el hablar en lenguas desconocidas es una evidencia del bautismo con el Espíritu, permanece en pie. Aunque las lenguas de 1 Corintios fueran desconocidas, nunca se dice de ellas que tuvieran alguna relación con el bautismo con el Espíritu. De hecho, sucede lo contrario. En vez de ser una evidencia que poseen todos los creyentes bautizados con el Espíritu, el principio que se aplica a los dones también afirma directamente de las lenguas —específicamente, no todos tienen los mismos dones.

Con respecto a los dones del Espíritu, 1 Corintios 12 determina dos leyes. La primera es que a cada uno le es dada la *manifestación del Espíritu para provecho* (v. 7). Es decir, los dones son dados por su utilidad, y no como un certificado de carácter. La segunda ley de los dones espirituales es que a diferentes personas se les han dado distintos dones en la iglesia, para que el cuerpo de Cristo se funda en una unidad indivisible (vv. 11-30).

Los dones del Espíritu no son en ningún sentido una medida de la presencia del Espíritu Santo dentro del creyente individual. Los discípulos de Jesús, antes del Pentecostés, ejercieron algunos de los dones más espectaculares. Fueron enviados con autoridad para sanar a los enfermos y para echar fuera demonios (Lucas 9:1-6, 10:1-20), aunque ellos, entonces, no tenían la experiencia del bautismo con el Espíritu. Los corintios, cuyo ejercicio de los dones espirituales provocó el más extenso tratamiento dado por Pablo en cualquiera de sus epístolas, fueron descritos como "carnales" y "niños en Cristo" (1 Corintios 3:1-3); fueron divididos por el sectarismo (3:4-7); y fueron presa de toda clase de irregularidades en su vida y forma de adoración —la mera antítesis de los creyentes llenos del Espíritu.

Es un hecho indisputable que los dones del Espíritu son enteramente independientes de las virtudes del Espíritu. Es absolutamente carente de autoridad escritural al afirmar que cualquiera de ellos individualmente, o todos colectivamente, son diseñados para servir como evidencia del bautismo con el Espíritu Santo.

En efecto, la decisión de escoger el don de lenguas —asumiendo que haya una diferencia entre las lenguas de Jerusalén y las lenguas de Corinto— es extremadamente desafortunada, porque en cada lista de los dones, las lenguas y su interpretación están al último (1 Corintios 12:4-11 y 28-30); en tanto que en la lista de los dones espirituales en Romanos 12:6-8 se les omite completamente. No se puede dudar que Pablo calificó este don como algo decididamente inferior a otros, por ejemplo el de la profecía (1 Corintios 14:1-12). Su exhortación respecto a los dones es que se busquen los mejores (12:31), y que procuremos abundar en ellos para la edificación de la iglesia (14:12). Pablo afirma que ningún don tiene valor alguno apartado del amor divino (1 Corintios 13:1-3), el cual es "un camino aun más excelente" (12:31).

Aun concediendo la diferencia entre las lenguas de Hechos 2:4 y de 1 Corintios 12 y 14, debiéramos arribar a la conclusión que las únicas lenguas que posiblemente pudieran ser evidencia de una experiencia pentecostal sea la capacidad de hablar un idioma reconocible sin haberlo aprendido. Rara vez se ha pretendido esto. Las lenguas que se manifiestan entre los que dicen tener la evidencia de Hechos 2:4, están muy distantes de ser lo que claramente fueron las lenguas en Hechos 2:4.

Pero aun la habilidad de hablar idiomas no aprendidos, impresionante como podría ser, no constituiría necesariamente una evidencia del bautismo con el Espíritu. Hay seis ocasiones en el Libro de los Hechos donde se dice de grupos o individuos que fueron bautizados o llenos con el Espíritu.[22] En tres de estas ocasiones se hablaron lenguas. En las otras tres no se menciona que se hayan hablado lenguas.

Al examinar los seis ejemplos encontramos que el punto de diferencia principal entre las tres ocasiones afirmativas y las tres ocasiones negativas es que, en las afirmativas hubo hombres de diversas nacionalidades, en tanto que en las negativas estuvieron juntos hombres de una sola nacionalidad o raza. Esto permitiría una clara y presunta evidencia para concluir que el propósito de la manifestación no fue servir como evidencia del bautismo del Espíritu, sino hacer posible una comunión más efectiva dentro del grupo, y demostrar que el evangelio es para la gente que habla cualquier lenguaje.

El Fracaso de las Lenguas como Evidencia

Cualquier evidencia fidedigna debe ser de tal naturaleza que esté presente cuando su base u ocasión está presente, y esté ausente cuando su base u ocasión está ausente. El doctor B. F. Neely demostró hace algunos años que no es así el caso en la relación de las lenguas y el bautismo del Espíritu Santo.

El pueblo pentecostal admite sin discusión que el don puede ser "falsificado", que Satanás puede impartir lenguas al igual que el Espíritu de Dios. La presencia de este fenómeno entre las sectas falsas mencionadas anteriormente indica que esto es una verdad indiscutible. Es posible que hablen en lenguas personas que jamás han sido bautizadas con el Espíritu Santo.

Además, el pueblo pentecostal también está listo a admitir que los dones pueden ser retenidos por alguno que, por causa del pecado, haya perdido la presencia del Espíritu Santo. Uno que tiene el don de lenguas puede continuar ejerciendo este don mucho tiempo después de que el Espíritu se haya apartado de él. Así que es posible que aquellos que han perdido el bautismo con el Espíritu Santo hablen en lenguas.

Esto resulta, entonces, en una curiosa situación. Cuando una persona habla en lenguas, es evidencia de una de tres cosas: Primero, ha sido bautizada con el Espíritu Santo; segundo, ha sido bautizada y lo ha perdido; o tercero, jamás ha tenido el bautismo. Es obvio que estas tres declaraciones abarcan a todo humano viviente. Se puede decir que el usar sombrero es tan fidedigno como evidencia de haber sido bautizado con el Espíritu, como lo es el don de lenguas. Porque todo aquel que usa sombrero tiene el bautismo, o lo ha tenido pero lo ha perdido, o jamás lo ha tenido. El valor evidencial de tal don es por lo tanto nulo.

El Testimonio del Espíritu

¿Entonces qué? ¿Estamos reducidos a un estado de incertidumbre respecto a este elevado estado de la gracia? Seguramente que no. Hay una evidencia del bautismo con el Espíritu Santo —y la entera santificación, que es su resultado y concomitante— que sobrepasa en certidumbre a cualquier posible señal externa física. Es la evidencia dual del testimonio del Espíritu y el fruto del Espíritu.

Así como *el que cree en el Hijo de Dios, tiene el testimonio en sí mismo* (1 Juan 5:10), así el que recibe el Espíritu de Dios en su plenitud tiene el testimonio de aquel maravilloso don de la gracia de Dios, porque *el Espíritu es el que da testimonio; porque el Espíritu es la verdad* (1 Juan 5:6). Así como el Espíritu Santo da testimonio al corazón del creyente que es hijo de Dios (Romanos 8:14-17), así, *con una sola ofrenda hizo perfectos para siempre a los santificados. Y nos atestigua lo mismo el Espíritu Santo* (Hebreos 10:14, 15). Este testimonio se confirma por la ley divina escrita en el corazón y en la mente, dando *libertad para entrar en el Lugar Santísimo por la sangre de Jesucristo*, para que nosotros podamos *llegarnos con corazón verdadero, en plena certidumbre de fe, purificados los corazones de mala conciencia, y lavados los cuerpos con agua limpia* (vv. 16, 19, 22).

Este testimonio no es una emoción, una alegría, un éxtasis de gozo, aunque puede resultar en tales sentimientos. No es una manifestación externa o una demostración. Es una convicción interna de que lo que Dios ha prometido, eso mismo ha hecho; de que la obra de purificación ha sido completada, y de que el Espíritu Santo habita en toda la gloria de su señorío santificador. *Pero cuando venga el Consolador*, dijo Jesús, *a quien yo os enviaré del Padre, el Espíritu de verdad, el cual procede del Padre, él dará testimonio acerca de mí... El me glorificará; porque tomará de lo mío, y os lo hará saber* (Juan 15:26; 16:13-14).

Junto al testimonio del Espíritu, tal como insistió Juan Wesley hace tanto tiempo, debe estar el fruto del Espíritu. Estas nueve hermosas virtudes —amor, gozo, paz, paciencia, benignidad, bondad, fe, mansedumbre, templanza (Gálatas 5:22, 23)— están sujetas a un crecimiento y desarrollo casi ilimitados, pero todas están presentes como rasgos de la personalidad llena del Espíritu. Ni el testimonio sin el fruto, ni el fruto sin el testimonio pueden aceptarse como evidencia completa. Los dos juntos proveen un grado de certidumbre mucho más allá de cualquier cosa que ofrezcan las señales físicas o psicológicas.

Así como uno no necesita salir por la mañana con una vela encendida para ver si ya salió el sol, tampoco el corazón santificado necesita depender en alguna manifestación falible para saber que el "Sol de justicia" ha nacido en su corazón para sanar la naturaleza cancerosa del pecado interno. El mismo Espíritu da testimonio de la plenitud que mora en uno.

Capítulo 5

SANTIFICACIÓN Y SEGURIDAD

La necesidad de seguridad es una de las más urgentes e imperativas entre todas las necesidades humanas. En el fondo de la mala conducta de los niños y de los jóvenes se hallan sentimientos de inseguridad. Nada es más fatal para la felicidad que la incertidumbre y la falta de una cierta seguridad para el futuro.

Este principio se aplica también a la vida espiritual. El estar lleno de dudas, preguntas y temores es estar derrotado antes de principiar la batalla. La confianza y una esperanza razonable son ingredientes esenciales para una vida cristiana feliz. Si la salvación no puede suplir la necesidad de seguridad, resultará insuficiente para satisfacer la gama total de las necesidades humanas.

Una de las discusiones más agudas en los círculos evangélicos modernos tiene su centro en esta necesidad innegable. Surge de la posición tomada por un vasto e influyente grupo de pastores, evangelistas, predicadores por la radio, iglesias e instituciones de que un solo acto de fe salvadora en una aceptación inicial de Cristo asegura la salvación eterna y final del creyente.

El Calvinismo y la Seguridad

En algunos casos, esa posición se basa en la doctrina calvinista de la elección particular. Se postula que Dios, desde la eternidad, ha escogido a algunos hombres y ángeles para la vida eterna, y que ha dejado a todos los demás para la eterna condenación. Nadie ha declarado esto con mayor precisión que el mismo Juan Calvino.

> Llamamos predestinación al eterno decreto de Dios por el cual El ha determinado en sí mismo lo que El quiere que acontezca a cada individuo. Porque no todos son creados con igual destino; sino que la vida eterna es preordenada para algunos, y la eterna condenación para otros... Nosotros declaramos que por un consejo inmutable y eterno, Dios ha determinado de una vez para siempre a quienes admitirá para salvación y a quienes condenará a la destrucción. Afirmamos que dicho consejo, en lo que concierne a los elegidos, se funda en su merced gratuita, totalmente independiente de algún mérito humano: pero para aquellos a quienes El entrega a condenación, las puertas de la vida se cierran por medio de un juicio justo e irreprensible, aunque incomprensible.[1]

Lewis Sperry Chafer cita con aprobación lo que dice el libro de Cunningham (*Historical Theology*): "Si es cierto que Dios, desde la eternidad, ha escogido absoluta e incondicionalmente a ciertas personas para la vida eterna, éstas, con toda seguridad, serán infaliblemente salvas."[2]

Debe admitirse la verdad formal de esta proposición. Si la salvación es por medio de la predestinación incondicional de los electos a la vida eterna, entonces indudablemente todos los que así han sido predestinados serán finalmente salvos. Pero la frase consecuente, "éstos, con toda seguridad, serán infaliblemente salvos", obvia y totalmente depende de la verdad material de su antecedente, "si es cierto que Dios, desde la eternidad, ha escogido absoluta e incondicionalmente a ciertas personas para la vida eterna".

Carecemos aquí de espacio para debatir el dogma de la predestinación incondicional. Ha sido refutado por teólogos hábiles y se yergue en oposición a una veintena o más de promesas bíblicas de salvación para cualquier persona, o a todas, que cumplan las condiciones de Dios.[3] Sólo queremos indicar que esta doctrina de la predestinación, en vez de establecer la certeza de la salvación final en la mente del individuo, en efecto la destruye.

Es verdad que, bajo este punto de vista, si uno es predestinado a ser salvo, será salvo, no importa lo que haga o deje de hacer. Es también cierto que si la salvación es por medio del decreto eterno, inmutable e incomprensible de Dios, sin condiciones que se apliquen al individuo, nadie tiene el derecho de concluir infaliblemente que él está entre el grupo de electos, por muy religioso que se sienta.

Esta resulta entonces ser una clase muy curiosa de seguridad. "Si yo estoy elegido para la vida eterna, estoy eternamente seguro. Pero no puedo, dada la naturaleza del caso, estar seguro de que en efecto he sido electo. Todo lo que puedo hacer es esperar, humillado por el recuerdo de multitudes de personas que, aunque estuvieron con nosotros, sin embargo, *salieron de nosotros, porque no eran de nosotros; porque si hubiesen sido de nosotros, habrían permanecido con nosotros; pero salieron para que se manifestase que no todos son de nosotros* (1 Juan 2:19 —un texto muy favorito del calvinismo).

El Concepto Neo-Calvinista de la Seguridad

En la mayoría de los casos, sin embargo, la doctrina de la seguridad eterna no se funda en el dogma calvinista de la predestinación incondicional. Mientras que todos los que enseñan la eterna seguridad a menudo son llamados "calvinistas", realmente la mayoría de ellos no son más del veinte por ciento calvinistas. Es decir que, ellos no apoyan más que uno de los "cinco puntos" famosos de la controversia calvinista-arminiana.[4] Este ochenta por ciento arminiano, no deberían ser llamados calvinistas, estrictamente hablando —pero el uso se ha extendido tanto que sin duda continuará. Una designación más acertada sería "neo-calvinista".

La presentación mejor, más completa y más ampliamente conocida de esta forma moderna de la doctrina de la seguridad eterna, se presenta en un libro escrito por un laico, J. H. Strombeck, titulado, "No perecerán jamás" (*Shall Never Perish*).[5] Ya que éste parece ser considerado una autoridad, será la base principal de nuestra presentación de esa posición, y de la crítica de ella. En general, el libro es un esfuerzo serio para fundar la doctrina de la seguridad sobre evidencia bíblica.

Debe ser establecido desde el principio que no es el concepto de la seguridad de los hijos obedientes de Dios lo que nos perturba. Estamos de acuerdo en que todas las ovejas de Cristo están seguras, que ninguno podrá arrebatarlas de la mano del Padre, que ninguna criatura podrá separar al creyente del amor de Dios que está en Cristo Jesús nuestro Señor. Todo esto es cierto, gracias a Dios.

Lo que nos perturba, como alguien ha dicho, no es la doctrina de la perseverancia de los santos, sino la doctrina de la perseverancia de los pecadores. Es la suposición subyacente, que con demasiada frecuencia se vuelve explícita, de que un solo acto de fe salvadora, inicialmente, finaliza el período de prueba y asegura la salvación final del individuo sin considerar su fe futura o la falta de ella, y sin miramiento a lo pecaminoso o lo justo de su vida. El señor Strombeck rechaza rotundamente "el antinomianismo" —esto es la idea de que el cristiano es libre de toda obligación a la ley moral— sin embargo, él mismo a veces lo afirma directamente, y es el resultado natural de cada una de sus páginas.

Sería imposible, en el espacio de que disponemos, discutir este libro página por página, que es lo que requeriría una completa consideración del libro, tal como bien lo merece. Sólo expresaremos algunos de los puntos principales haciendo comentarios muy breves sobre ellos.

El capítulo del libro que le dio nombre a la obra, "No perecerán jamás", es una exposición de Juan 10:27-29: *Mis ovejas oyen mi voz, y yo las conozco, y me siguen, y yo les doy vida eterna; y no perecerán jamás, ni nadie las arrebatará de mi mano. Mi Padre que me las dio, es mayor que todos, y nadie las puede arrebatar de la mano de mi Padre* (V. M.).

El señor Strombeck comenta:

> Para el creyente en el Señor Jesucristo, ningún pasaje de la Biblia tiene mayor seguridad que éste. En éste se encuentra una declaración incondicional de nuestro Señor de que aquellos que son de El, son suyos por toda la eternidad, porque están en su mano, bajo su cuidado, y están en la mano del Padre, bajo su cuidado. El poder del Padre es lo que garantiza esta condición de seguridad.[6]

Estamos muy de acuerdo en que este pasaje hace la afirmación incondicional de que "ninguna de las ovejas de Cristo se perderán". No tiene peros ni condiciones ni adiciones. Pero se debe indicar que hace igualmente incondicional una afirmación de que todas las ovejas de Cristo oyen su voz y le siguen, y que ninguna persona que no oye su voz y le sigue es una de sus ovejas. Esto no añade un "si" condicional donde Dios no lo ha puesto. Simplemente indica lo que Jesús dijo tan claramente como se pueda expresar con palabras: El que no sigue a Cristo no pertenece al rebaño de Cristo.

Reducido a su lógica más sencilla, este pasaje declara que:

Todos los que están seguros son ovejas de Cristo;
Ninguno que no le sigue es su oveja;

Por tanto, ninguno que no le sigue está seguro. El señor Strombeck cree firmemente (capítulos 2, 5-7) que las doctrinas de la gracia están incompletas sin la conclusión expresada en la doctrina de la eterna seguridad. Siendo que la salvación es por gracia, su continuación no podrá ser por obras meritorias. Estamos completamente de acuerdo con esto. Sólo quisiéramos señalar que la salvación es por gracia a través de la fe, y no lo es menos cuando su *retención* es condicional, que cuando su recepción es condicional. Si la fe que *retiene* la salvación constituye *obras meritorias*, entonces también lo constituye la fe que *recibe* la salvación. Pero la fe jamás es un acto meritorio.[7] La gracia no es menos gracia porque la fe la *retiene* de lo que es gracia porque la fe la recibe. Un regalo no es menos regalo cuando se debe apreciar altamente y guardar celosamente que cuando se trata como un regalo barato, sea apreciado o no.

La Salvación y la Manera de Vivir

En el capítulo 3 del libro de Strombeck se nos asegura que, el que uno sea salvo o perdido no se determina por la manera de vivir, sino por lo que Dios dice. Definitivamente estamos de acuerdo en que lo que Dios dice es lo importante. Además, Dios ha hablado en términos que no dejan lugar a duda sobre este particular. Pero El no ha dicho que no hace diferencia alguna en cuanto a la salvación la clase de vida que uno lleve. Por ejemplo:

Mateo 7:16-21: *Por sus frutos los conoceréis. ¿Acaso se recogen uvas de los espinos, o higos de los abrojos?*

Así, todo buen árbol da buenos frutos, pero el árbol malo da frutos malos. No puede el buen árbol dar malos frutos, ni el árbol malo dar frutos buenos. Todo árbol que no da buen fruto, es cortado y echado en el fuego. Así que, por sus frutos los conoceréis. No todo el que me dice: Señor, Señor, entrará en el reino de los cielos, sino el que hace la voluntad de mi Padre que está en los cielos.

¿Quiere decir esto que la manera de vivir no tiene nada que ver con la salvación?

Consideremos los siguientes pasajes de la Escritura:

Romanos 6:1, 15: *¿Qué, pues, diremos? ¿Perseveraremos en el pecado para que la gracia abunde?... ¿Qué, pues? ¿Pecaremos, porque no estamos bajo la ley, sino bajo la gracia? En ninguna manera.* ¿Quiere decir esto que la manera de vivir no tiene que ver con la salvación?

1 Corintios 3:16-17: *¿No sabéis que sois templo de Dios, y que el Espíritu de Dios mora en vosotros? Si alguno destruyere el templo de Dios, Dios le destruirá a él; porque el templo de Dios, el cual sois vosotros, santo es.* ¿Nos dice esto que la manera de vivir de uno no tiene nada que ver con la salvación?

Gálatas 2:17-18: *Y si buscando ser justificados en Cristo, también nosotros somos hallados pecadores, ¿es por eso Cristo ministro de pecado? En ninguna manera. Porque si las cosas que destruí, las mismas vuelvo a edificar, transgresor me hago.* ¿Enseña esto que la manera de vivir no hace diferencia para la salvación?

Romanos 8:14: *Porque todos los que son guiados por el Espíritu de Dios, éstos son hijos de Dios.* ¿Parece esto como si la manera de vivir de uno no hace diferencia para la salvación?

Santiago 2:17: *Así también la fe, si no tiene obras, es muerta en sí misma.* 1 Juan 3:10: *En esto se manifiestan los hijos de Dios, y los hijos del diablo: todo aquel que no hace justicia, y que no ama a su hermano, no es de Dios.* ¿Parece esto como si la manera de vivir de uno no tuviera que ver con la salvación?

Dios *ha* hablado. Dios ha declarado en su Palabra eterna que aunque la manera de vivir no *compra* la salvación, sí es una prueba de ella. El que vive en pecado es pecador, aunque él se llame a sí mismo de otra manera, y sea lo que hubiere sido en el pasado.

En el capítulo 4, Strombeck nos da una espléndida variedad de versículos respecto a la vida eterna y la salvación final. Cada uno significa exactamente lo que dice. Pero estas escrituras son interpretadas injustamente por los neo-calvinistas para hacerlas significar *más* de lo que dicen a fin de sostener la teoría de que un solo acto de fe garantiza la salvación final.

La Seguridad Eterna y el Antinomianismo

Es en la segunda parte del libro donde la nariz del camello antinomiano principia a aparecer en la tienda de campaña de la seguridad eterna. Esta es una sección sobre "la seguridad eterna y algunas doctrinas de la gracia de Dios" (*Eternal Security and Some Doctrines of the Grace of God*).[8] Aquí leemos que todas las citas individuales que parecen desacreditar la doctrina de la seguridad eterna deben ser interpretadas de acuerdo con lo que el autor muy felizmente llama "gracia verás"[8]. Así que, en realidad, *no es* lo que Dios dice lo que se debe tomar tal como lo leemos, sino la forma en que estas palabras se pueden interpretar de acuerdo a un concepto previamente aceptado de "gracia".

Siendo que la salvación es por gracia y no por obras, Strombeck dice, "por tanto el demérito (es decir, el pecado) no estorba la operación de la gracia, ni podrá hacer a un lado lo que ha logrado la gracia. La verdad es que el demérito (o pecado) provee la ocasión para que la gracia efectúe su obra".[9] ¿Qué tanto se asemeja esto a la teoría que Pablo niega con tanto vigor en Romanos 6:1-2: *Perseveraremos en el pecado para que la gracia abunde? En ninguna manera.*

En la página 28, con líneas impresas con letras bastardillas lo que Strombeck quiere decir es inequívocamente claro: *"Si se excluye todo vestigio posible de mérito humano* (por el hecho de que la salvación es gracia a través de la fe), *entonces los actos del hombre, aparte de aceptar al Salvador, no están relacionados con la salvación y, por ende, ningún acto del hombre o demérito del hombre podrá hacer que él sea apartado de la condición de ser salvo."*

Lo que Strombeck parece decir se prueba por la declaración de la página 131, donde el autor da una lista de ejemplos de estos "actos de demérito" que no pueden afectar la salvación del creyente, y que incluyen todo, desde las "palabras precipitadas y ásperas" hasta "robo, falsificación [mentir], idolatría, borrachera, banqueteos, fornicación, adulterio y asesinato". Ninguno de estos pecados podrán afectar la condición del creyente de ser salvo. "En cuanto al castigo de la santa ley de Dios y a las demandas de su justicia, la cuestión del pecado queda arreglada de una vez para siempre en el preciso momento en que el individuo cree que Cristo pagó la pena en su lugar."[10]

Es difícil tomar una posición moderada cuando se trata con puntos de vista como éste. Digamos claramente que esto no es gracia; es desgracia.

Strombeck no está solo en el antinomianismo. Esto plaga la teoría de la eterna seguridad dondequiera que aparece. Por ejemplo, el evangelista John R. Rice, escribe:

> Por lo mismo, aunque un cristiano puede perder la dulce comunión con el Padre por causa de sus pecados, sin embargo, todavía es hijo de Dios, participante de su naturaleza divina. Dios castiga a sus hijos cuando pecan, pero siguen siendo todavía sus hijos.[11]

Una de las declaraciones más atrevidas del antinomianismo latente en este punto de vista de "la gracia" se encuentra en el libro de August Van Ryn, *Las Epístolas de Juan*. En su comentario sobre 1 Juan 5:16 ("Hay pecado de muerte"), él comenta:

> El apóstol probablemente se refiere al pecado tan grave en la vida del creyente que Dios no le puede permitir que continúe viviendo en la tierra. Se ha dicho que un creyente está listo para ir al cielo, sin embargo, tal vez no lo esté para vivir en la tierra... Esto pudiera significar para tales personas el ser llevados por la muerte, porque deshonran tanto el nombre de Cristo que ya no se les permite permanecer en la tierra. Son redimidos por la sangre de Cristo, y por lo tanto, aptos para entrar al cielo,

pero sus vidas son tan desagradables para Dios que no se les puede permitir permanecer en la tierra.[12]

Esto lleva la posición de la seguridad eterna a su resultado lógico, y como tal, casi se refuta por sí misma. ¡Cuán totalmente contrario es esto a la Palabra de Dios! La evidencia de la Escritura se ha considerado, cuando menos en parte, en el capítulo 3 de este estudio, y se demostrará más en la sección que sigue.

Volviendo a la declaración de Strombeck de que "los actos de los hombres, aparte de aceptar al Salvador, no están relacionados con la salvación", uno se pregunta por qué si el "aceptar al Salvador" está relacionado con la salvación, el rechazar al Salvador no está también vitalmente relacionado. Hebreos 6:4-6 afirma definitivamente que sí afecta la salvación: *Porque es imposible que los que una vez fueron iluminados y gustaron del don celestial, y fueron hechos partícipes del Espíritu Santo, y asimismo gustaron de la buena palabra de Dios y los poderes del siglo venidero, y recayeron, sean otra vez renovados para arrepentimiento, crucificando de nuevo para sí mismos al Hijo de Dios, y exponiéndole a vituperio.* Si esto no indica que la apostasía final es posible, entonces el idioma no sirve para nada.

Decir que ningún pecado puede afectar la salvación final del creyente es tanto como desafiar la Palabra de Dios. Isaías 59:1-2 dice: *He aquí que no se ha acortado la mano de Jehová para salvar, ni se ha agravado su oído para oír.*

Ninguna persona, ningún poder, ninguna *cosa* podrá separar el alma de Dios. Pero el pecado no es persona, ni poder, ni cosa. Es una decisión, un acto de la voluntad, una actitud del alma. El pecado puede separar el alma pecadora de la gracia de Dios, y siempre lo hará.

Consideremos otros tres pasajes en conexión con este asunto:

Ezequiel 33:12: *Y tú, hijo de hombre, di a los hijos de tu pueblo: La justicia del justo no lo librará el día que se rebelare; y la impiedad del impío no le será estorbo el día que se volviere de su impiedad; y el justo no podrá vivir por su justicia el día que pecare.*

Apocalipsis 21:8: *Pero los cobardes e incrédulos, los abominables y homicidas, los fornicarios y hechiceros, los idólatras y todos los mentirosos tendrán su parte en el lago que arde con fuego y azufre, que es la muerte segunda.*

Apocalipsis 22:19: *Y si alguno quitare de las palabras del libro de esta profecía, Dios quitará su parte del libro de la vida, y de la santa ciudad y de las cosas que están escritas en este libro.*

¿Hay algo aquí que suene como si "los hechos de los hombres, aparte de aceptar al Salvador, no están relacionados con la salvación"? ¿Dónde se encuentra, en cualquier parte de la Biblia, la garantía para la noción de que "el creyente será apto para ir al cielo cuando no sea apto para vivir en la tierra"? ¿Qué valor tienen los dogmas de los hombres —aun de hombres que personalmente sean devotos— si ellos dan licencia para que el pecado exista en la vida cristiana, y niegan la Palabra de Dios? *El que dice: Yo le conozco, y no guarda sus mandamientos, el tal es mentiroso, y la verdad no está en él* (1 Juan 2:4).

Las doctrinas de la gracia son preciosas para el corazón del creyente, pero no se puede hacer con ellas una tapadera para el pecado. La salvación es por gracia solamente, jamás por obras. Pero la salvación *no es menos por gracia* por razón de ser una presente relación con Dios, mantenida, como fue obtenida por medio de una fe viva y esencial.

La obediencia por la fe no es en ningún sentido una obra meritoria. Si es por gracia a través de la fe, entonces no es por obras. Recordemos que *...la gracia de Dios se ha manifestado para salvación a todos los hombres, enseñándonos que, renunciando a la impiedad y a los deseos mundanos, vivamos en este siglo sobria, justa y piadosamente* (Tito 2:11-12). No nos enseña que nada que el creyente pueda hacer afectará su salvación final.

¿Qué Dice el Señor?

Pero basta en cuanto al tratamiento lógico de este problema. Nuestro autor se queja de que, quienes se oponen a la doctrina de la eterna seguridad nunca citan las Escrituras, sino que simplemente hacen declaraciones sin fundamento. Teniendo presente la aserción de la eterna seguridad, veamos "qué dice el Señor".

Arreglaremos nuestros pasajes escriturales en dos grupos principales: los que enseñan que la salvación final descansa en la fe continuada tanto como en la fe inicial; y los que afirman directamente la posibilidad de la apostasía final de las personas regeneradas. Es obvio que se hace necesario hacer alguna selección de entre un total de más de 80 pasajes, así que anotaremos aquí solamente unos cuantos de cada grupo. A éstos habrá que añadir los versículos anteriormente citados en este capítulo y en el capítulo 3, que indican que ningún hijo de Dios vive en pecado.

1. *La Naturaleza de la Fe Salvadora*

La salvación final es por gracia a través de una fe que no es un sólo acto, sino una constante actitud que resulta de caminar en obediencia. El doctor Daniel Steele, en el extracto de *Milestone Papers* citado al final del capítulo 2, ha examinado cuidadosamente todas las referencias a la fe en relación con la salvación final o eterna que aparecen en el Nuevo Testamento. En cada caso se usa el tiempo presente, indicando así el carácter continuo de la fe. No se puede argüir que si uno es creyente es por lo tanto siempre creyente. Hubo un tiempo en que yo creía en Santa Claus, pero ahora ya no. La fe, para ser efectiva, debe ser continua.

Pero, aparte del significado de los tiempos verbales, la voz de las Sagradas Escrituras es clara. Strombeck nos reprende por poner un "si" condicional en donde no lo hay.[13] ¿Qué podemos decir de los que quitan el "si" de los lugares donde Dios lo ha puesto? Pensemos, por ejemplo, cómo tendríamos que leer los siguientes pasajes, si fuera cierta la doctrina de la seguridad eterna.

Juan 8:31 dice: *Dijo entonces Jesús a los judíos que habían creído en él: Si vosotros permaneciereis en mi palabra, seréis verdaderamente mis discípulos.* Esto tendrá que cambiarse para que rece: "Querráis o no permanecer en mi palabra, seréis verdaderamente mis discípulos."

Juan 8:51 dice: *De cierto, de cierto os digo, que el que guarda mi palabra, nunca verá muerte.* Debemos corregir esta declaración errónea de nuestro Señor si hemos de estar de acuerdo con la enseñanza de la seguridad eterna, y leer: "Aun el que no guardare mi palabra, si en alguna ocasión fue salvo, no verá la muerte."

Pablo, en Colosenses 1:22-23, cometió un error grave según nuestros amigos de la seguridad eterna cuando habló sobre el propósito de Cristo de *...presentaros santos y sin mancha, e irreprensibles delante de él; si en verdad permanecéis fundados y firmes en la fe, y sin moveros de la esperanza del evangelio.*

La Epístola a los Hebreos en el capítulo 3 verso 6, también se equivocó al decir que Cristo es *...hijo sobre su casa, la cual casa somos nosotros, si retenemos firme hasta el fin la confianza.* El debió haber dicho: "La cual casa somos nosotros, aunque no retengamos nuestra confianza."

Pedro, y aun Juan fallaron al no representar bien la seguridad eterna e incondicional del creyente. Pedro dice: *Por lo cual, hermanos, tanto más procurad hacer firme vuestra vocación y elección; porque haciendo estas cosas, no caeréis jamás* (2 Pedro 1:10). Juan exhorta: *Lo que habéis oído desde el principio, permanezca en vosotros. Si lo que habéis oído desde el principio permanece en vosotros, también vosotros permaneceréis en el Hijo y en el Padre* (1 Juan 2:24). Pedro debió haber dicho: "Por lo cual, hermanos reconoced que vuestra elección y vocación ya está segura: no importa lo que hagáis, nunca caeréis." Juan debió haber escrito: "No hay peros ni dudas: vosotros permaneceréis en el Hijo y en el Padre."

La enseñanza de la Palabra de Dios es inequívoca. Todas éstas son proposiciones condicionales. En una proposición condicional, la parte que contiene la condición se conoce como antecedente; la porción que expresa la conclusión se conoce como consecuente. El libro de lógica más elemental señalará que *el consecuente de una declaración condicional puede ser afirmado sólo cuando su antecedente sea afirmado previamente.*

Nuestros amigos que sostienen esta posición de la seguridad eterna enseñan que un solo acto histórico de fe establece para siempre la posición del creyente delante de Dios. Strombeck afirma explícitamente que aun la incredulidad subsecuente, que es una forma de pecado, no puede poner en peligro la salvación final.[14]

Definitivamente, esto se contradice en la Biblia. Por ejemplo, Pablo escribe a los corintios: *Además os declaro, hermanos, el evangelio que os he predicado, el cual también recibisteis, en el cual también perseveraréis; por el cual asimismo, si retenéis la palabra que os he predicado, sois salvos, si no creísteis en vano* (1 Corintios 15:1-2). Aquí está otra declaración condicional: *Por el cual asimismo, si retenéis la palabra que os he predicado, sois salvos.* Esta es una afirmación directa de que su primera fe pudo haber sido en vano, no por causa de infidelidad de parte de Dios, sino porque por su negligencia no retuvieron el evangelio.

Una vez más, en 2 Corintios 1:24, Pablo dice: *No que nos enseñoreemos de vuestra fe, sino que colaboramos para vuestro gozo; porque por la fe estáis firmes.*

"Por la fe estáis firmes." No hay manera de permanecer firmes fuera de esa fe continua.

En 1 Timoteo 6:12, Pablo exhorta: *Pelea la buena batalla de la fe, echa mano de la vida eterna, a la cual asimismo fuiste llamado, habiendo hecho la buena profesión delante de muchos testigos.* O el joven Timoteo no había nacido de nuevo, lo cual es increíble, o el hecho del nuevo nacimiento por sí solo y en sí mismo no sella la salvación final como lo aseguran los seguidores de la seguridad eterna.

En Hebreos 3:12-14 el apóstol habla a sus hermanos en Cristo y usa términos que carecen completamente de sentido de ser cierta esta doctrina: *Mirad, hermanos, que no haya en ninguno de vosotros corazón malo de incredulidad para apartarse del Dios vivo; antes exhortaos los unos a los otros cada día, entre tanto que se dice: Hoy; para que ninguno de vosotros se endurezca por el engaño del pecado. Porque somos hechos participantes de Cristo, con tal que retengamos firme hasta el fin nuestra confianza del principio.* Definitivamente este pasaje no da apoyo a creer que un acto inicial de fe asegura la salvación para siempre. Hay una continuidad de fe que es tan necesaria como el haber creído al principio.

Pedro comparte la misma opinión. En 1 Pedro 1:5 él dice: *...sois guardados por el poder de Dios mediante la fe, para alcanzar la salvación que está preparada para ser manifestada en el tiempo postrero.* No somos guardados independientemente de nuestra fe, sino *a través de nuestra fe.* Y somos guardados para la salvación final por medio de la fe, que no es una posesión inalienable presente sino que "está preparada para ser manifestada en el tiempo postrero".

Es muy difícil saber dónde marcar la línea en este repaso de pasajes bíblicos que son evidencia de que la salvación del creyente es un caminar con Dios descrito en tiempo presente. Resulta difícil omitir Romanos 2:6-7 que dice: *El cual pagará a cada uno conforme a sus obras: vida eterna a los que, perseverando en bien hacer, buscan gloria y honra e inmortalidad.* También es difícil ignorar Hebreos 5:9: *Y habiendo sido perfeccionado, vino a ser autor de eterna salvación para todos los que le obedecen.* Uno difícilmente puede pasar por alto Apocalipsis 3:5: *El que venciere será vestido de vestiduras blancas; y no borraré su nombre del libro de la vida, y confesaré su nombre delante de mi Padre, y delante de sus ángeles.*

Porque si la doctrina de la eterna seguridad es cierta, entonces todos estos versículos, y una docena más de otros que pudiéramos añadir, carecerían de significado. Es más, serían completamente falsos. Pero más bien afirmamos: "Sea Dios verdadero", y si es necesario, "que todo hombre sea mentiroso". Ninguna doctrina puede ser aceptable si da un significado falso o le quita significado a tan grande parte de la Palabra de Dios.

2. *La Posibilidad de la Apostasía Final*

Además de estos pasajes bíblicos que indican una fe continua tanto como una fe histórica como la condición de la salvación final, hay un gran número[15] de ellos que postulan definitivamente la posibilidad de la apostasía final de los que en algún tiempo creyeron para salvación. A continuación se incluyen algunas de ellas:

Mateo 18:34-35: *Entonces su señor, enojado, le entregó a los verdugos, hasta que pagase todo lo que le debía. Así también mi Padre celestial hará con vosotros si no perdonáis de todo corazón cada uno a su hermano sus ofensas.* El contexto demuestra con claridad cristalina que los que fueron perdonados tendrán que responder una vez más por sus pecados si ellos a su vez, rehúsan perdonar a los que pecan contra ellos.

Lucas 8:13: *Los de sobre la piedra son los que habiendo oído, reciben la palabra con gozo; pero éstos no tienen raíces; creen por algún tiempo, y en el tiempo de la prueba se apartan.* Esta es una parábola, pero una parábola enseña la verdad. En este caso, la verdad es que hay algunos creyentes que reciben la Palabra con gozo, pero que más tarde se apartan y perecen.

Lucas 12:42-46: *Y dijo el Señor: ¿Quién es el mayordomo fiel y prudente al cual su señor pondrá sobre su casa, para que a tiempo les dé su ración? Bienaventurado aquel siervo al cual, cuando su señor venga, le halle haciendo así. En verdad os digo que le pondrá sobre todos sus bienes. Mas si aquel siervo dijere en su corazón: Mi señor tarda en venir; y comenzare a golpear a los criados y a las criadas, y a comer y beber y embriagarse, vendrá el señor de aquel siervo en día que éste no espera, y a la hora que no sabe, y le castigará duramente, y le pondrá con los infieles.* No es suficiente que se diga que aquí Jesús estaba hablando de los siervos y no de los hijos o los amigos,[16] a menos de que uno esté listo a conceder que un siervo y no un hijo o un amigo pudiera ser mayordomo sobre todo lo que El tiene. Resulta obvio que se trata del mismo siervo —en un caso fiel y prudente, en el otro, infiel y desleal.

Romanos 11:20-22: *Bien; por su incredulidad fueron desgajadas, pero tú por la fe estás en pie. No te ensoberbezcas, sino teme. Porque si Dios no perdonó a las ramas naturales, a ti tampoco te perdonará. Mira, pues, la bondad y la severidad de Dios; la severidad ciertamente para con los que cayeron, pero la bondad para contigo, si permaneces en esa bondad; pues de otra manera tú también serás cortado.* Permanecer en la bondad de Dios es necesario para la salvación final.

1 Corintios 8:10-11: *Porque si alguno te ve a ti, que tiene conocimiento, sentado a la mesa en un lugar de ídolos, la conciencia de aquel que es débil, ¿no será estimulada a comer de lo sacrificado a los ídolos? Y por el conocimiento tuyo, se perderá el hermano débil por quien Cristo murió.* Estos versículos son un testimonio de la importancia de nuestra influencia sobre los demás, pero también dan fe del hecho de que los hermanos por quienes Cristo murió *pueden* perecer si la influencia de los cristianos maduros no es lo que debe ser.

Gálatas 5:1, 4: *Estad, pues, firmes en la libertad con que Cristo nos hizo libres, y no estéis otra vez sujetos al yugo de esclavitud. De Cristo os desligasteis, los que por la ley os justificáis; de la gracia habéis caído.* Estas palabras fueron dichas a creyentes recién convertidos que estaban siendo tentados a dejar su fe en Cristo y volverse a la ley. Con toda claridad se les dice que el hacerlo sería caer de la gracia.

1 Tesalonicenses 3:5: *Por lo cual también yo, no pudiendo soportar más, envié para informarme de*

vuestra fe, no sea que os hubiese tentado el tentador, y que nuestro trabajo resultase en vano. Si los tesalonicenses estaban eternamente seguros, ¿cómo podía el apóstol preocuparse de que su trabajo hubiera sido en vano?

1 Timoteo 4:1: *Pero el Espíritu dice claramente que en los postreros tiempos algunos apostatarán de la fe, escuchando a espíritus engañadores y a doctrinas de demonios.* No es posible apartarse de lo que uno jamás haya poseído. Los últimos días son tiempos de apostasía.

Hebreos 10:26-29: *Porque si pecáremos voluntariamente después de haber recibido el conocimiento de la verdad, ya no queda más sacrificio por los pecados, sino una horrenda expectación de juicio, y de hervor de fuego que ha de devorar a los adversarios. El que viola la ley de Moisés, por el testimonio de dos o de tres testigos muere irremisiblemente. ¿Cuánto mayor castigo pensáis que merecerá el que pisoteare al Hijo de Dios, y tuviere por inmunda la sangre del pacto en la cual fue santificado, e hiciere afrenta al Espíritu de gracia?* Esta es una declaración enfática sobre la posibilidad de la apostasía final, aun de aquellos que fueron santificados por la sangre del pacto. No deja motivo a duda alguna.

Santiago 5:19-20: *Hermanos, si alguno de entre vosotros se ha extraviado de la verdad, y alguno le hace volver, sepa que el que haga volver al pecador del error de su camino, salvará de muerte un alma, y cubrirá multitud de pecados.* Esto se dice claramente de personas a quienes se acostumbra llamar "caídos de la gracia", o retrocedidos —eran hermanos, pero se desviaron de la verdad. Si tales personas son convertidas, su alma ha sido salvada de la muerte y una multitud de pecados ha sido cubierta por la sangre preciosa.

2 Pedro 2:20-21: *Ciertamente, si habiéndose ellos escapado de las contaminaciones del mundo, por el conocimiento del Señor y Salvador Jesucristo, enredándose otra vez en ellas son vencidos, su postrer estado viene a ser peor que el primero. Porque mejor les hubiera sido no haber conocido el camino de la justicia, que después de haberlo conocido, volverse atrás del santo mandamiento que les fue dado.* Sería inútil tratar de explicar esto como una mera reforma humana. Toda la epístola es una advertencia estridente a la iglesia a cuidarse de la influencia de los falsos profetas, destruyendo la fe y condenando las almas de los que han creído. Estas palabras nunca hubieran sido dichas si la posibilidad de una apostasía final no hubiese sido de veras real.

2 Juan 8-9: *Mirad por vosotros mismos, para que no perdáis el fruto de vuestro trabajo, sino que recibáis galardón completo. Cualquiera que se extravía, y no persevera en la doctrina de Cristo, no tiene a Dios; el que persevera en la doctrina de Cristo, ése sí tiene al Padre y al Hijo.* Permanecer en la doctrina y evitar la transgresión —estas son las condiciones perpetuas para poseer a Dios y la esperanza de la vida eterna.

Así dice el Señor.

Seguridad: Falsa y Verdadera

La seguridad que gozamos en Cristo no significa la ausencia de peligro. Una seguridad falsa que niegue la existencia del peligro es la peor actitud mental posible.

Una seguridad real puede existir cuando se esté al tanto del peligro, y cuando también haya solamente recursos disponibles para enfrentarse a ese peligro. "El que piensa estar firme" es el que está en verdadero peligro de caer (1 Corintios 10:12).

Hay aquí una extraña paradoja. Tanto la santificación como la seguridad tienen dos lados —un lado divino y un lado humano. Nuestros amigos neo-calvinistas niegan el lado divino de la santificación, considerándola prácticamente sólo consagración humana. Por otra parte, niegan el lado humano de la seguridad y la hacen depender en lo divino. El remedio para ambos errores es reconocer la naturaleza verdadera de la gracia divina: una capacitación divina gratuitamente proporcionada a todo aquel que quiera, una relación de ser socio con Dios para la salvación del alma y la redención de una raza perdida.

Hay una seguridad verdadera para todo creyente en Cristo. No se encuentra en una manera fantástica pero errónea de leer las doctrinas de la gracia, sino en una relación viva con Dios. Algunos de nuestros hermanos de la seguridad eterna tienen una noción extraña sobre los que nosotros enseñamos. Ellos hablan de "la doctrina arminiana de la inseguridad" (Chafer) y de la "pérdida de seguridad" del creyente (Strombeck). En un artículo sobre "La seguridad del creyente", Douglas C. Hartley escribe:

> El cristiano que sostiene que puede estar perdido, pierde mucho, y teniendo una "mente dudosa" (Lucas 12:29) no puede servir a Dios como debe. Cierto que muchos de éstos exceden en el servicio a algunos que han abrazado la seguridad, pero como tienen que estar preocupados por sí mismos, su servicio no puede llegar

a la completa capacidad. Ni tampoco pueden experimentar el gozo completo de la salvación; la libertad del temor de morir mientras estén perdidos; el conocimiento de que Cristo satisface; ni, por estar interesados consigo mismos, pueden compartir completamente la preocupación de Dios por los inconversos.

¿Cómo pueden ellos recomendar a otros a Uno en quien ellos no confían completamente? Su propia fe es escasa porque no quieren —ni pueden— ellos mismos confiar completamente en el amor de Dios según está expresado en la completa obra de Cristo, ni en las promesas y privilegios o en ambas. Tienen que depender en su propia fuerza débil, en vez de confiar en el poder del Todopoderoso, para "andar como hijos de luz" (Efesios 5:8). Por ser esclavos del temor, el sacrificio de Cristo no les ha libertado completamente de la ley, ni han sido llamados a libertad (Gálatas 5:13). No están dispuestos a creer que "la verdad les hará libres" (Juan 8:32).[17]

Esto es una representación completamente errónea de la posición arminiana-wesleyana. En efecto, en la historia del protestantismo, la doctrina de la seguridad cristiana es la contribución directa del avivamiento wesleyano. Este escritor todavía no ha encontrado un sólo hermano cristiano de tendencia arminiana que se sienta atormentado por este estado imaginario de peligro por la pérdida de su alma.

El hijo de Dios nacido de nuevo no tiene más temor de perderse que de cometer suicidio. No necesita que se le diga que no es posible cometer suicidio para librarse del temor de la muerte por su propia mano. La única base posible para la falta de seguridad cristiana es la condenación por el pecado. Para dicha condenación, Dios ha proporcionado un remedio instantáneo y completo, según se expuso en el capítulo 3. Por cada uno de los que se desilusionan por el temor de apostatar, hay cien que son llevados al cenegal del descuido antinomiano por la doctrina de la seguridad incondicional.

La seguridad del alma cristiana se basa en el tiempo presente del carácter de la gracia de Dios: la gracia que salva, la gracia que santifica y la gracia que guarda.

Esta es seguridad sin presunción.

Es seguridad para el alma sin licencia para pecar.

Alcanza su apogeo en la entera santificación del corazón del creyente, destruyendo la tendencia interior al pecado, y perfeccionando el amor de Dios internamente. *Justificados, pues, por la fe, tenemos paz para con Dios por medio de nuestro Señor Jesucristo; por quien también tenemos entrada por la fe a esta gracia en la cual estamos firmes, y nos gloriamos en la esperanza de la gloria de Dios* (Romanos 5:1-2). *Seguid la paz con todos, y la santidad, sin la cual nadie verá al Señor. Mirad bien, no sea que alguno deje de alcanzar la gracia de Dios; que brotando alguna raíz de amargura, os estorbe, y por ella muchos sean contaminados* (Hebreos 12:14-15).

Hay seguridad *interna* gracias a la presencia del Espíritu Santo en el corazón del creyente. A El pertenece la bendita obra de guiar a toda verdad, guardar el alma contra la tentación abrumadora, y proporcionar gracia que nos hace más que vencedores "por medio de aquel que nos amó" (Romanos 8:37).

Notas Bibliográficas

Capítulo 1

1. Lewis Sperry Chafer, *Systematic Theology* (Dallas, Texas: Dallas Seminary Press, 1947), VI, p. 270.
2. Hay una santidad ceremonial que se aplica a cosas y días, y que es aplicada en algunas ocasiones a personas, y aun a inconversos (véase 1 Corintios 7:14). Sin embargo, ésta nunca es presentada en la Biblia como la epítome de la santidad para el creyente, como santidad por posición. El teólogo Charles Ewing Brown ha discutido espléndidamente la santidad ceremonial en su libro *The Meaning of Sanctification* (Anderson, Indiana: The Warner Press, 1945), pp. 138-143.
3. Véase la fase opuesta de estos versículos en Colosenses 3:5-10.
4. Chafer, *op. cit.*, VI, p. 288.

Capítulo 2

1. Chafer, *op. cit.*, VI, pp. 284-85.

2. Véase capítulo 4 para evidencias para identificar el bautismo con el Espíritu Santo y la entera santificación.

3. Véase capítulo 4.

4. El momento culminante de la llenura del Espíritu Santo fue aceptado por la iglesia de Jerusalén como la evidencia convincente de "que también a los gentiles ha dado Dios arrepentimiento para vida" (Hch. 11:18). "Salvo" como en Hechos 11:14 no es sinónimo de "convertido", pero incluye el trabajo redentor total de Dios en el corazón.

5. Dwight L. Moody, *Secret Power* (Chicago: The Bible Institute Colportage Association, 1908), pp. 16, 50.

6. Daniel Steele, *Milestone Papers* (Nueva York: Eaton and Mains, 1878), "The Tense Readings of the Greek New Testament", pp. 53-90. Este ha sido reimpreso en un apéndice para *The Meaning of Sanctification* por Charles Ewing Brown. Un resumen más completo ha sido hecho por los doctores Olive M. Winchester y Ross E. Price en su libro *Crisis Experiences in the Greek New Testament* (Kansas City: Beacon Hill Press, 1953).

7. William Hersey Davis, *Beginner's Grammar of the Greek New Testament* (Nueva York: George Doran Co., 1923), p. 123 (letra itálica en el original).

8. Hadley, *Greek Grammar for Schools and Colleges*, citado por Winchester y Price, *op. cit.*

9. Citado por Winchester y Price, *ibid.*

10. Steele, *op. cit.*, pp. 57, 59, 65-66.

11. *Ibid.*, p. 90.

Capítulo 3

1. Richard S. Taylor, *A Right Conception of Sin* (Kansas City, MO.: Beacon Hill Press, 1945).
2. Chafer, *op. cit.*, VI, p. 185.
3. Juan Wesley, *La perfección cristiana*, (Kansas City: Beacon Hill Press of Kansas City, 1966), pp. 53-54.
4. El mismo método obviamente puede ser usado para determinar el significado de las formas sustantivas de la palabra "pecado", y de todos los otros términos relacionados en el Nuevo Testamento. Siendo que hay alrededor de trescientos términos tan solo en el Nuevo Testamento, eso sería una tarea demasiado voluminosa para llevarla a cabo aquí.
5. La lista, copiada de la Concordancia (*Analytical Concordance*) de Young, es la siguiente: Hechos 25:8; Mateo 18:15; Lucas 17:3-4; 1 Pedro 2:20; Mateo 18:21; 27:4; 1 Corintios 6:18; 7:28, 36; 8:12; 15:34; Efesios 4:26; Juan 5:14; 8:11; 9:2-3; Romanos 2:12; 3:23; 5:12, 14, 16; 6:15; Hebreos 3:17; 10:26; 2 Pedro 2:4; 1 Juan 1:10; 2:1; 3:6, 8-9; 5:16, 18; 1 Timoteo 5:20; Tito 3:11.
6. La Ley Mosaica. Para ello véase el contexto.
7. H. Orton Wiley, *Christian Theology* (Kansas City: Beacon Hill Press, 1952), II, p. 508.
8. Brown, *The Meaning of Salvation*, (Anderson, Indiana: The Warner Press, 1944), p. 157.
9. Chafer, *op. cit.*, p. 288.

Capítulo 4

1. Ralph M. Riggs, *The Spirit Himself* (Springfield, MO.: The Gospel Publishing House, 1949). El señor Riggs era superintendente general asistente del Concilio General de las Asambleas de Dios, con sede en Springfield, Missouri.
2. *Ibid.*, p. v.
3. Véase por ejemplo, Ewing Brown, *The Meaning of Sanctification*, pp. 114-15.
4. Riggs, *op. cit.*, capítulos VII y VIII.
5. *Ibid.*, p. 47.
6. R. A. Torrey, *The Person and Work of the Holy Spirit*, pp. 174, 176. Citado por Riggs, *op. cit.*, pp. 47, 48.
7. Riggs, *op. cit.*, capítulo XIII.
8. *Ibid.*, p.102.
9. *Ibid.*, p. 106.
10. *Ibid.*, p. 10.
11. *Ibid.*, p. 23.
12. *Ibid.*, p. 84.
13. *Ibid.*, pp. 84-85.
14. *Ibid.*, pp. 85-86.
15. *Ibid.*, p. 86.
16. Término técnico que significa una expresión extática, regularmente no inteligible por quienes la exteriorizan o por aquellos que la escuchan.
17. Riggs, *op. cit.*, p. 89.
18. *Ibid.*, p. 97
19. *Ibid.*, p. 164.
20. *Ibid.*, p. 86.
21. *Ibid.*, p. 89.

22. Agregando Hechos 4:30-31 y Hechos 9:17 a los cuatro descritos en el capítulo 2.

Capítulo 5

1. Juan Calvino, *Institutes of the Christian Religion*, (Institutos de la religión cristiana), II. xxi. 4, y xxi. 7.
2. Chafer, *op. cit.*, III, p. 269.
3. La persona que estudie la Biblia cuidadosamente, encontrará que, entre otras, las siguientes citas son valiosas en este punto: Isaías 45:22; 55:1; Ezequiel 33:11; Mateo 11:28; Marcos 16:15-16; Juan 1:12; 3:17; 12:47; Hechos 2:21; 17:30; Romanos 1:16, 5:18; 1 Corintios 1:21; 2 Corintios 5:14-15, 19-20; Colosenses 1:28; 1 Timoteo 2:1-6; Tito 2:11-12; Hebreos 2:9; 2 Pedro 3:9; 1 Juan 2:1-2; Apocalipsis 3:20; 22:17. Véase R. A. Shank, *Elect in the Son* (Electos en el Hijo) (Springfield, MO.: Westcott Publishers, 1970).
4. Los "cinco puntos" incluyen la predestinación incondicional, la limitación del sacrificio expiatorio, la completa inhabilidad del hombre, la gracia irresistible y la perseverancia final de los santos.
5. J. H. Strombeck, *Shall Never Perish* (Moline, Illinois: The Strombeck Agency, 900 23rd Ave., 1948). Las citas incluidas son de la sexta edición.
6. *Ibid.*, p. 1.
7. Véase *ibid.*, p. 25.
8. *Ibid.*, p. 19.
9. *Ibid.*, p. 25.
10. *Ibid.*, p. 39.

11. John R. Rice, *Can a Saved Person Ever Be Lost?*, p. 16.
12. August Van Ryn, *The Epistles of John* (Nueva York: Loiseaux Brothers, 1948).
13. Strombeck, *op. cit.*, p. 2.
14. *Ibid.*, p. 63.
15. Además de los versículos citados, los siguientes son importantes en este punto: 1 Crónicas 28:9; 2 Crónicas 15:2; Ezequiel 18:26; 33:18; Mateo 5:13; 10:22; 24:13; Marcos 13:13; 16:16; Lucas 9:62; Juan 15:1-2, 5-6; Romanos 8:13; 13:11; 1 Corintios 9:27; 10:1-2; 2 Corintios 6:1; 1 Timoteo 1:19-20; 5:11-12, 15; 2 Timoteo 2:10-11; Hebreos 10:38; 12:15; Santiago 1:14-16; 1 Pedro 3:13; 2 Pedro 3:17; 1 Juan 2:24; 5:12; Judas 5, 6; Apocalipsis 2:4-5.
16. Ver Strombeck, *op cit.*, p. 136.
17. Douglas C. Hartley, "The Security of the Believer", *King's Business*, julio, 1952, p. 9.

Bibliografía

Brown, Charles, Ewing. *The Meaning of Salvation.* Anderson, Indiana: The Warner Press, 1944.

⎯⎯⎯⎯. *The Meaning of Sanctification.* Anderson, Indiana: The Warner Press, 1945.

Calvino, Juan. *Las instituciones de la religión cristiana.* Hay disponibles varias traducciones del francés al inglés, así como versiones en castellano.

Chafer, Lewis Sperry. *Systematic Theology.* Dallas, Texas: Dallas Seminary Press, 1947.

Davis, William Hersey. *Beginner's Grammar of the Greek New Testament.* Nueva York: George Doran Co., 1923.

Hartley, Douglas C. "The Security of the Believer." *King's Business* (julio, 1952).

Moody, Dwight L. *Secret Power.* Chicago: The Bible Institute Colportage Association, 1908.

Rice, John R. *Can a Saved Person Ever Be Lost?* (folleto, s.f.).

Riggs, Ralph M. *The Spirit Himself.* Springfield, MO: The Gospel Publishing House, 1949.

Shank, R. A. *Elect in the Son.* Springfield, MO: Westcott Publishers, 1970.

Steele, Daniel. "The Tense Readings of the Greek New Testament." *Milestone Papers.* Nueva York: Eaton and Mains, 1878.

Strombeck, J. H. *Shall Never Perish.* Moline, Illinois: The Strombeck Agency, 1948.

Taylor, Richard S. *A Right Conception of Sin.* Kansas City, MO: Beacon Hill Press, 1945.

Van Ryn, August. *The Epistles of John.* Nueva York: Loiseaux Brothers, 1948.

Wesley, Juan. *La perfección cristiana.* Trad. por Mary Fawcett de Payano. Kansas City: Casa Nazarena de Publicaciones, 1979.

Wiley, H. Orton. *Christian Teology.* Kansas City, MO: Beacon Hill Press, 1943.

Winchester, Olive y Ross E. Price. *Crisis Experiences in the Greek New Testament.* Kansas City, MO: Beacon Hill Press, 1953.

Young, Robert. *Analytical Concordance to the Bible.* Nueva York: Funk & Wagnalls Company, s.f.

www.ingramcontent.com/pod-product-compliance
Lightning Source LLC
Chambersburg PA
CBHW031402040426
42444CB00005B/392